ANTONIO SANGIO

LOS SÍNTOMAS
DEL ALMA

EL CAMINO AL ORIGEN DE NUESTROS SÍNTOMAS
A TRAVÉS DE LA HIPNOSIS REGRESIVA

Primera edición, 2022
Web del autor: www.antoniosangio.com
Diseñador de la carátula: Rob Williams
Diagramación: Antonio Revilla Leyva
Edición y corrección de estilo: Alejandra Travi Ponce
Coordinación editorial: Juan Pablo León Almenara

ISBN: 978-0-578-29579-4
Editado en Perú

A mi madre Rosa María Fajardo de Sangio, mi primera maestra y de quien aprendí el amor incondicional, la compasión y el don de servicio. Este libro es para ti.

ÍNDICE

INTRODUCCIÓN   11

DEFINICIONES   15
    ¿Qué es el espíritu?
    ¿Qué es el alma?
    ¿Qué es el tiempo?
    El trauma
    El síntoma

LA ILUSIÓN DEL TIEMPO   21
    La mente y el tiempo
    El alma y el tiempo
    La multisimultaneidad
    El alma, los traumas y el tiempo

El PROPÓSITO DEL ALMA   33
    Los grupos espirituales
    Los guías
    El consejo de los sabios
    La biblioteca
    El karma
    Los contratos
    Las lecciones
    La elección del cuerpo
    La amnesia espiritual
    El cazador
    El conquistador

EL ATRAPAMIENTO DEL ALMA   59
    Tipos de atrapamiento
    Atrapamiento en vidas pasadas
    La madre inocente
    La niña en el autobús
    Atrapamiento post mortem
    La joven en el agua

Atrapamiento en el vientre
Emma en el vientre de mamá
Atrapamiento durante el nacimiento
El minero sin piernas
Soukaïna en el vientre de mamá

LA FRAGMENTACIÓN DEL ALMA 97
¿Qué síntomas puede experimentar una persona con el alma fragmentada?
Diferencia entre atrapamiento y fragmentación del alma
La fragmentación es una de las consecuencias del atrapamiento.
La niña en la habitación

TIPOS DE MUERTE Y SUS SÍNTOMAS 105
La hoguera
Las caídas
Envenenamiento
Enterrado vivo
Ahorcamiento
Decapitación
Suicidio
El campo de trigo
Lanzada desde un balcón
El marinero acosado
La mujer dormida dentro del ataúd
La sirvienta inocente
El corazón de la sanadora

EL PERIESPÍRITU Y LAS MARCAS DE NACIMIENTO 141
El periespíritu
Las manchas de nacimiento

FRASES ATEMPORALES 145
Promesas
Votos
Pactos
Juramentos
Maldiciones
El último pensamiento
El síntoma
El enfoque terapéutico
La maldición de la curandera
Nunca te dejaré

Te amaré por siempre
La bruja

ENERGÍA MASCULINA Y ENERGÍA FEMENINA 177
   La energía masculina
   La energía femenina
   En vidas pasadas
   Durante la concepción y el embarazo
   Durante el nacimiento y la primera infancia
   Reconciliando las energías
   La desconexión de Lucy
   El soldado romano y la joven
   El niño en el tren

VIOLACIÓN Y TOCAMIENTOS INDEBIDOS 199
   Síntomas físicos
   Síntomas psicológicos y emocionales
   Síntomas a nivel energético y del alma
   Ayudando a completar la experiencia
   La esclava en el barco
   La joven sacrificada

LOS ROLES QUE JUGAMOS EN NUESTRAS VIDAS 219
   La víctima
   El victimario
   El Observador
   El guardia del pueblo
   La mujer traicionada por el consejo

CONCLUSIÓN 235

INTRODUCCIÓN

Desde la prehistoria, el ser humano ha querido hallar el origen de los síntomas de un cuerpo enfermo. Para ello se ha valido de diversos métodos y herramientas que le ayuden a entender cómo se generan y cómo aliviarlos. En el Antiguo Egipto, por ejemplo, Imhotep (2630–2611 a.C.), quien fue un reconocido polímata e inventor, escribió un documento médico en el que explicaba y aplicaba el diagnóstico para el tratamiento de una enfermedad. Del mismo modo, en Babilonia, Esagil-kin-apl (1067–1046 d.C.), principal erudito del rey, escribió el "Manual de diagnóstico", introduciendo el empirismo, la lógica y el razonamiento en el diagnóstico de un padecimiento. Por otro lado, en el texto "Canon de medicina interna" del emperador Amarillo o Huangdi Neijing se puede encontrar el popular apartado de preguntas básicas, donde se cubre la base teórica de los métodos que la medicina china usa para el diagnóstico.

Otras culturas emplearon procedimientos distintos para esclarecer la causa de los síntomas. En la antigua Grecia, el médico Hipócrates (Siglo V–460 a.C.) registró la relación entre la enfermedad y el factor hereditario. En la Edad Media, hubo médicos que utilizaban diferentes técnicas para analizar la orina, la sangre y el pulso. En algunos casos, combinaron estos exámenes con el zodiaco y la medicina humoral, basada en la teoría de los cuatro humores que clasifica a las personas según los rasgos de su personalidad.

Algunas escuelas se han enfocado en tratar el síntoma solo a través de un tratamiento para el órgano afectado, sin tener en cuenta los efectos secundarios en el resto del cuerpo. Otras se han centrado en diagnosticar y atender el síntoma visualizando al cuerpo humano como un todo, y tomando en cuenta los efectos adversos en el resto de los órganos durante el proceso de sanación. Este sería el caso de la medicina occidental y de la china.

En cuanto a los síntomas de índole mental, durante mucho tiempo y hasta la actualidad, se les han atribuido factores sobrenaturales, tales como posesión demoniaca o a los dioses de diferentes culturas. Precisamente, fue esto lo que llevó a ciertas culturas antiguas a practicar trepanaciones craneanas y a otras más actuales a recluir y torturar a los enfermos mentales en hospitales psiquiátricos. Muchos de estos pacientes han sufrido, de una u otra manera, abusos e injusticias en nombre de la ciencia.

Entonces, si hablamos de posesiones demoniacas y sus supuestos tratamientos, tendríamos que mencionar a la iglesia católica y el uso del exorcismo como una supuesta cura. En la historia, podemos encontrar gran cantidad de casos documentados sobre enfermos mentales a los que se les practicó el exorcismo para deshacerse de unas supuestas entidades. Por otro lado, los chamanes de culturas antiguas y actuales ven la enfermedad y sus síntomas como un tipo de desbalance energético que puede estar asociado, entre otras cosas, a la pérdida del alma. Estos entran en trance para ingresar al mundo espiritual con el objetivo de hallar la causa espiritual de la afección o de ayudar al alma del aquejado a regresar al cuerpo.

En el siglo XVIII, el doctor alemán Franz Anton Mesmer, empleando el concepto del magnetismo animal (fuerza invisible que todos los seres vivos poseen), utilizó pases magnéticos en el tratamiento de enfermedades y sus síntomas con interesantes resultados. El trabajo y la técnica de Mesmer tuvieron vigencia por 75 años más o menos, aunque aún podemos encontrar profesionales en el campo de la salud refiriéndose al llamado *mesmerismo*. En el siglo XIX, el cirujano James Esdaile, realizó cientos de procedimientos quirúrgicos con el uso de la hipnosis como anestesia. En el siglo XX, el psicólogo y médico Milton Erickson promovió el uso de las sugestiones directas para inducir a sus pacientes a un trance profundo y así utilizar la regresión a otra edad.

Al publicar el libro "Muchas vidas, muchos maestros" en el año 1980, el psicoterapeuta estadounidense Brian Weiss transformó la visión del mundo sobre el uso de la hipnosis. Ahí, relata cómo una de sus pacientes, en estado hipnótico, comienza a recordar traumas de supuestas vidas pasadas, que, finalmente, pudieron dar una explicación a sus pesadillas recurrentes y continuos ataques de ansiedad.

Diferentes culturas en distintos tiempos se han adjudicado la labor de encontrar alivio a lo que aqueja a los seres humanos. Algunas abordaron su diagnóstico desde un punto empírico y otras desde uno más científico, ya sea tratando el síntoma de forma aislada del resto del cuerpo o desde una visión integral, en la que se toma en cuenta el resto del cuerpo y los efectos secundarios. Cabe mencionar que en esta última tendencia también se ha optado por el tratamiento desde un punto de vista espiritual, es decir, tomando el cuerpo físico y alma como un todo.

Entonces, ¿quién podría adjudicarse la manera única e infalible de diagnosticar las enfermedades que afectan al ser humano? Más de una vez hemos visto a profesionales cometer errores en su diagnóstico al basarse exclusivamente en una especie de plantilla para su evaluación. Si la mayoría de profesionales emplea una especie de plantilla o mapa para el diagnóstico, ¿quiere decir que todos los seres humanos somos iguales y que se puede usar el mismo procedimiento con todos nosotros?

Si partimos con la idea de que el alma es la energía vital del cuerpo, que esta nunca muere y que, desde el punto de vista de la reencarnación, ha ocupado otros cuerpos en vidas anteriores, encontraremos una serie de traumas que esta arrastra de esos otros cuerpos al actual. Al igual que la mente subconsciente nos lleva a reaccionar de cierta forma debido a los traumas que tenemos guardados en ella, el alma lo hace sin alguna explicación aparente ante determinadas situaciones, como consecuencia de traumas almacenados en ella que se generaron en vidas pasadas.

Tal cual lo expliqué en mi libro "Guiando a las almas perdidas", la mente subconsciente no está limitada a la existencia del cuerpo. Esta información está guardada en el alma y puede generar en el cuerpo todo tipo de síntomas psicosomáticos, muchos de ellos sin un motivo lógico científico aparente.

Sin el afán de pretender ser un doctor o un especialista en salud mental, mi objetivo con este texto es compartir los conceptos que aprendí no solo de mis maestros Aurelio Mejía y José Luis Cabouli, sino que también he encontrado por mi cuenta mientras facilitaba sesiones de hipnosis con mis clientes. Podrán apreciar cómo ciertos síntomas sin aparente explicación médica fueron producidos por su alma, al enfrentar un escenario o emoción similar a la que experimentaron en traumas de otra vida.

Además, podrán ver claramente cómo el síntoma funciona como un hilo conductor que lleva al origen de esa vivencia que lo originó. Solo es cuestión de ayudar a la persona a hacer consciente lo que hasta el momento es inconsciente para ella, puesto que ese evento traumático no se localiza realmente en el pasado. El alma no entiende de tiempo. Para ella, el pasado está aquí y ahora en el presente, manifestándose en forma de dolencias y sensaciones sin aparente explicación alguna.

También compartiré algunos casos que parecen sacados de alguna película de ficción, pero que son cien por ciento reales y que aparecieron en mi consultorio. Con ellos podrán comprender a fondo el concepto del atrapamiento del alma. La mayoría de los nombres en dichos casos han sido cambiados para proteger la identidad de mis clientes. Solo algunos de ellos me permitieron usarlo.

DEFINICIONES

Considero necesario definir algunos conceptos para poder comprender la información que se compartirá en las siguientes páginas. Si bien en mi libro "Guiando a las almas perdidas" explico detalladamente conceptos de espiritualidad, en esta ocasión haré solo un breve resumen.

¿Qué es el espíritu?

La palabra espíritu viene del latín *spiritus*, que significa respiro y de la palabra griega *pneûma*, que se traduce como aliento o respiración, refiriéndose al espíritu. En el diccionario de la Real Academia de la Lengua Española podemos encontrar las siguientes definiciones:

- Ser inmaterial y dotado de razón.
- Alma racional.
- Principio generador, carácter íntimo, esencia o sustancia de algo.
- Parte o porción más pura y sutil que se extrae de algunos cuerpos sólidos y fluidos por medio de operaciones químicas.

A través de la historia, diferentes culturas y religiones le han atribuido diferentes significados. En la Biblia, por ejemplo, se pueden encontrar las siguientes definiciones de la palabra espíritu: viento, aire en movimiento, aliento y hálito. En latín se le conoce como *spiritus* y se hacen las siguientes referencias:

> *Génesis 2:7 Entonces Jehová Dios formó al hombre del polvo de la tierra, y sopló en su nariz aliento de vida, y fue el hombre un ser viviente.*

En "El Libro de los espíritus" escrito por Allan Kardec (Hippolyte Léon Denizard Rivail), se define a los espíritus como seres inteligentes fuera de la creación —fuera de todo lo que podemos ver y tocar— que pueblan el universo fuera del mundo material. Los espíritus están rodeados por una sustancia vaporosa llamada 'periespíritu', que les permite elevarse en la atmósfera y transportarse a donde quieran.

Por otro lado, también podemos hallar conceptos contradictorios sobre el espíritu como el del materialismo puro, que dice que el espíritu es el principio de la vida orgánica y cesa cuando la vida cesa. Mientras tanto, otros sostienen que el espíritu es el comienzo de la inteligencia de quien cada ser absorbe una pequeña parte y la devuelve a él cuando la vida culmina, como si todo el universo tuviese un solo espíritu.

Como puede apreciarse, cada cultura posee una idea distinta de lo que es el espíritu, mostrando así lo complicado que es definirlo con una sola palabra. ¿Cómo precisar aquello que no podemos ver ni tocar? ¿A caso nuestro lenguaje dispone del lenguaje necesario para determinar todas las características del alma? Si aún no existen palabras para definir ciertos fenómenos científicos, ¿cómo pretendemos hacerlo con esta energía con conciencia propia?

Para efectos de este libro, tomaremos el concepto encontrado en "El Libro de los espíritus", ya que fueron el autor y sus colaboradores (los propios espíritus) quienes proporcionaron esa definición haciendo uso del lenguaje limitado del ser humano. Los espíritus son, entonces, seres inteligentes con conciencia propia que habitan fuera de la creación, es decir, que son invisibles y que residen el universo.

¿Qué es el alma?

La palabra alma viene del latín *ánima* y del griego *psyché*. Este primer vocablo hace referencia a una entidad que, de acuerdo a algunas tendencias religiosas y filosóficas, poseemos todos los seres vivos. De acuerdo al latín, esta palabra también es empleada para designar el principio por el cual los seres son dotados de movimiento.

Si nos referimos a la religión cristiana, por ejemplo, el hombre consta de cuerpo, espíritu y alma, siendo la última la que lo unifica como individuo y lo guía a realizar actividades que van más allá de lo material.

En las creencias hindúes se hace referencia a la transmutación del alma, acción que llamaron la rueda de samsara (el ciclo de vida, muerte, nacimiento y encarnación), donde el dharma (acciones hechas para bien) y el karma (consecuencia de lo realizado), determinan el destino futuro de cada ser.

Mientras tanto, en "El libro de los espíritus", Allan Kardec comparte la respuesta que obtuvo de los médiums al preguntar lo que es el alma:

¿Qué es el alma?

- Un espíritu encarnado.

¿Qué era el alma antes de unirse al cuerpo?

- Espíritu.

En consecuencia, ¿las almas y los espíritus son la misma cosa?

- En efecto, las almas no son sino los espíritus. Antes de unirse al cuerpo, el alma es uno de los seres inteligentes que pueblan el Mundo Invisible y que se revisten temporariamente de una envoltura carnal, para purificarse y esclarecerse.

Nos encontramos nuevamente ante el reto de definir con palabras algo que no podemos ver. Esta vez también utilizaremos el concepto provisto por los mismos espíritus en el libro de Allan Kardec. Cuando esta energía inteligente con conciencia propia se encuentre fuera del cuerpo la llamaremos espíritu, y cuando esté dentro de él la llamaremos alma.

¿Qué es el tiempo?

Este es otro concepto que he explicado con gran detalle en mi libro "Guiando a las almas perdidas", y considero relevante también incluirlo en este texto para poder tener un mejor entendimiento de lo que compartiré y una mejor comprensión de las experiencias de mis clientes durante sus sesiones.

El tiempo se puede entender como la manera que se mide la duración o la separación de los acontecimientos. En la percepción a través del cerebro humano, el tiempo es lineal: presente, pasado y futuro. Así lo captamos en la tercera dimensión, que es la que habitamos. Según la teoría de sistemas propuesta por el sociólogo alemán Niklas Luhman, el tiempo tendría una formación social, es decir que este está situado desde la perspectiva del observador, quien hace una distinción entre un antes y un después.

Para el físico italiano Carlo Rovelli, autor de "El orden del tiempo", el entendimiento del tiempo se basa en aceptar que este tiene varias capas. Para él, la gran confusión que existe al tratar de comprender el tiempo proviene de percibir todos sus atributos como un todo, como un solo paquete, cuando en realidad muchos de estos vienen de meras aproximaciones e implicaciones.

Por otro lado, en el tiempo cuántico, el presente, pasado y futuro no existen pues se disuelven en el ahora. Las partículas elementales de la materia pueden estar en dos lugares o estados a la vez. Es en este universo cuántico donde residen los espíritus, quienes estarían afectados por este tiempo, es decir, viviendo en el ahora. Es por esta razón que el espíritu no entiende de tiempo.

El trauma

La palabra trauma proviene del griego *traûma* o herida. Sobre esta podemos encontrar las siguientes definiciones:

- Choque emocional que produce un daño duradero en el inconsciente.

- Emoción o impresión negativa, fuerte y duradera.

Desde el punto de vista de la hipnosis espiritual, el trauma se considera un evento doloroso que el alma no ha podido procesar completamente, a nivel físico, emocional y mental. Profundizando más en este tema y, tal como lo veremos más adelante, las consecuencias del trauma son el atrapamiento y la fragmentación del alma, que tendrán como resultado uno o varios síntomas.

El síntoma

La palabra síntoma tiene su origen en el latín *symptōma*, pero a su vez proviene de un vocablo griego. Si nos remitimos al diccionario de la Real

Academia Española, encontraremos las siguientes definiciones:
- Manifestación reveladora de una enfermedad.
- Señal o indicio de que algo está sucediendo o va a suceder.

Desde el punto de vista de la espiritualidad y desde el mío propio, un síntoma que no posee explicación lógica o médica alguna es tomado como resultado de un evento traumático. Lo interesante de verlo desde esta perspectiva es darnos cuenta que el alma no entiende de pasado, presente y futuro, sino solo desde el ahora. Entonces, cuando digo que el síntoma es el resultado de un trauma, no solo me estoy refiriendo a traumas que pueden haber ocurrido en la vida actual, sino también a aquellos que experimentamos mientras ocupábamos otros cuerpos en vidas pasadas.

En el siguiente capítulo ahondaré un poco más en la definición del tiempo para entender que este no es más que una mera ilusión. Entender el tiempo desde el punto de vista del alma es lo que me permitió cambiar el abordaje de mis sesiones de hipnosis.

LA ILUSIÓN DEL TIEMPO

Algo que nos cuesta descifrar a los hipnoterapeutas es cómo aplicar las técnicas que utilizamos en las sesiones de hipnosis con aquellos que acuden a nosotros. El reto radica en que, tanto los terapeutas como estas personas, solo conocen el concepto del tiempo lineal (pasado, presente y futuro). Si decimos que nuestra técnica de hipnosis es la espiritual, esto quiere decir que trabajamos con el tiempo que domina el espíritu (el alma): el tiempo cuántico. ¿Por qué? Pues por lo que ya habíamos explicado, porque el alma no entiende de tiempo y para esta todo está pasando ahora.

Una vez entendido lo que es el tiempo cuántico, el abordaje de la terapia cambia por completo. Saber que el pasado no es pasado, sino que se encuentra con nosotros ahora nos permitirá usar las técnicas de una manera más efectiva. Esto ayudará a los pacientes a hacer consciente lo que para ellos es inconsciente, y que solo se está manifestando en forma de síntomas.

Sin embargo, esto nos pone frente a otro reto: navegar (facilitar) la sesión en tiempo lineal, abordándola desde el tiempo cuántico. Trataré de explicarlo con un ejemplo corto.

Supongamos que llega Jennifer a sesión para tratar su miedo inexplicable al mar. Cada vez que ella se acerca al mar o atraviesa un puente que cruce un lago o mar, su cuerpo se torna rígido, le dan ataques de ansiedad y tiene problemas para respirar. En la entrevista previa a la sesión, me cuenta que no ha tenido ninguna experiencia traumática con el océano, ni siquiera cuando era pequeña.

Ya en trance, mientras trabajamos los síntomas que describe, Jennifer llega a una vida pasada donde es un hombre en un barco español siendo tirado al mar por haberse revelado. Entonces, Jennifer, siendo ese hombre, explica aquella experiencia previa a morir: su cuerpo se pone rígido al estar atado y al tocar el mar casi congelado, luego se hunde sin poder respirar.

Si bien es cierto que, durante el viaje por esa vida pasada, guie a Jennifer en tiempo lineal diciendo frases como "ahora, retrocede un poco más", "anda al primer momento en el que experimentaste esto" o "quiero que busques una vida donde hayas sentido estos mismos síntomas", lo que realmente estuve haciendo fue buscar cómo ese evento pasado se relacionaba con lo que sentía ahora. También estuve intentando descifrar qué es lo que su alma necesitaba completar en esa experiencia a nivel físico, emocional y mental para que el síntoma desapareciera; es decir, la causa del atrapamiento de su alma.

Finalizado el recorrido por aquella vida pasada, le dije que podía llevar su alma a la luz como si se tratara de un evento del pasado, sabiendo que su alma se encontraba también en ese momento en el cuerpo de Jennifer en mi oficina.

Durante toda la sesión estuve hablando con Jennifer en tiempo lineal puesto que de esa forma ella podría comprenderme mejor, pero, al mismo tiempo, estuve analizando la sesión y eligiendo las técnicas a usar desde el tiempo del alma, del ahora (tiempo presente). Lo principal era hallar cómo ese evento traumático se relacionaba a lo que estaba experimentando en su vida como Jennifer, y que terminaba por disparar esos síntomas.

Un terapeuta en una sesión de hipnosis espiritual se enfrenta a múltiples retos, como el de hablar en tiempo lineal siendo, al mismo tiempo, una especie de detective que busca los traumas del alma en vidas pasadas. Estos pudieron ocasionarse durante nuestro tiempo en el vientre de mamá, en el nacimiento, en la primera infancia o incluso más adelante, en la adolescencia, juventud o vida adulta, sin embargo, hay que verlos como un todo, como si estuviesen pasando ahora al mismo tiempo, ya que los síntomas se están manifestando ahora.

La mente y el tiempo

Para comprender que el tiempo es tan solo una ilusión, he decidido hablar sobre la mente y sus componentes. Esto también nos ayudará a entender por qué las personas experimentan lo que experimentan durante el trance. La mente se entiende como un conjunto de facultades con aspectos cognitivos, tales como la conciencia, la imaginación, percepción, pensamiento, inteligencia, juicio, lenguaje y memoria. También tiene aspectos no cognitivos, como la emoción y el instinto.

La mente está compuesta por la mente consciente y la mente subconsciente. La primera se trata de nuestra parte crítica: la razón, la lógica y nuestra fuerza de voluntad. En otras palabras, podríamos decir que la mente consciente es nuestra área analítica. La mente subconsciente, en cambio, es un gran almacén de asociaciones negativas y positivas. Todo lo que hemos vivido se encuentra guardado ahí. Para ella, el tiempo no existe y a continuación explicaré la razón.

En la mente subconsciente almacenamos asociaciones que rigen e influyen en la manera en la que nos comportamos en la vida. Por ejemplo, si en el subconsciente tenemos guardada la asociación de que el cigarro significa relajación, cada vez que nos encontremos en situaciones de estrés encenderemos un cigarro sin siquiera pensarlo. Si en nuestro subconsciente la comida está asociada con la felicidad, quizás porque cuando éramos niños el único momento en que éramos felices era cuando salíamos a comer en familia, pues lo más seguro es que cuando nos sintamos tristes sintamos la necesidad de comer, aunque no tengamos hambre.

Si nos acordáramos de la canción que sonaba en la radio cuando nos enamoramos por primera vez o del perfume que esa persona utilizaba, nos daremos cuenta que cada vez que volvemos a escuchar esa canción o a oler ese perfume, así hayan pasado 30 años desde que eso sucedió, nuestro cuerpo y mente reaccionarán de la misma forma en que reaccionaron en ese entonces. Sería como si estuviese pasando ahora porque, en realidad, para nuestro subconsciente todo eso está pasando en el presente.

No importa hace cuánto tiempo se creó esa asociación, cada vez que experimentemos algo parecido en el tiempo actual, nuestro cuerpo reaccionará de acuerdo a lo que aconteció en el pasado. Entonces, podríamos concluimos que, realmente, el pasado no es el pasado, sino que el pasado está con nosotros en todo momento.

Otras de las asociaciones que almacenamos en el subconsciente son las relacionadas a los eventos traumáticos que nos han tocado vivir. Los traumas son eventos que no pudimos procesar a nivel físico, mental y emocional en el momento que ocurrieron. Esto hace que el hecho quede inconcluso y pendiente en nuestra mente.

Si, por ejemplo, una persona que fue violada en su infancia no pudo procesar ese terrible suceso es más que seguro que experimente problemas al tener su primera relación sexual y amorosa con su pareja. Esto es porque su mente regresará inmediatamente al momento de esa violación, haciendo que su cuerpo se sienta igual de incómodo que entonces.

Entonces, si al reaccionar ante una determinada situación, reaccionamos igual a cuando algo similar nos pasó ¿lo que nos ocurrió está en el pasado o está con nosotros en el presente? Si todo eso que hemos vivido estuviese en el pasado, entonces, ¿por qué experimentamos los síntomas o consecuencias ahora? La respuesta a estas interrogantes solo se puede hallar al concluir que, para la mente, el pasado no existe.

El alma y el tiempo

En un capítulo anterior expliqué la diferencia entre espíritu y alma, diciendo básicamente que el alma es un espíritu encarnado. Este espíritu, esta energía con conciencia e inteligencia propia sería la que decide encarnarse en un cuerpo humano para experimentar y evolucionar a través de las emociones. El alma, entonces, enfrentará diferentes situaciones en las que aprenderá tanto en el amor y en el sufrimiento, siendo este dolor un amplificador del aprendizaje. Es al planeta Tierra a donde los espíritus vienen a cultivarse de una forma en la que no lo podrían hacer en su forma etérea, a través de las emociones.

De la misma manera que para nuestro subconsciente no existe el tiempo, para el alma tampoco. A lo que nosotros llamamos subconsciente, el alma no lo ve limitado a la existencia del cuerpo físico que está ocupando, sino que este va con ella de vida en vida, de cuerpo en cuerpo, llevando todos los recuerdos con ella de manera inconsciente. Esto quiere decir que el subconsciente es el resultado de la suma de recuerdos y experiencias que van con el alma de reencarnación en reencarnación.

Una vez más nos vemos ante la tarea de explicar lo inexplicable con las limitadas palabras de nuestro lenguaje, para así entender las características de una entidad incorpórea, de una energía sutil con conciencia propia: el alma. No sé si la palabra que deba emplear para describir la parte del espíritu que guarda los recuerdos de otra vida deba ser subconsciente, pero decido usarla porque, de una u otra manera, este supuesto subconsciente del espíritu está cumpliendo la misma función.

Si esto es así, ¿deberíamos pensar que el subconsciente forma parte del alma y no de la mente? Compartiré un párrafo del libro "Obreros de la vida eterna", psicografiado por Chico Xavier, en donde Barceló, un espíritu asistente que se destinaba al apoyo de los enfermos mentales desencarnados, quien a su vez fuera profesor cuando se encontraba en el plano físico, le explica a André Luiz la importancia de entender que la información guardada en nuestro subconsciente no se limita al tiempo de vida en el cuerpo físico, si no que va aún más allá:

"El subconsciente es, de hecho, el almacén dilatado de nuestros recuerdos y la reserva de las emociones y deseos, impulsos y tendencias que no se proyectaron en las realizaciones inmediatas; no obstante, se extiende mucho más allá de la zona limitada de tiempo en que se mueve un cuerpo físico. Representa la estratificación de todas las luchas con las adquisiciones mentales y emotivas que les fueron consecuentes, después de la utilización de varios cuerpos".

Este fragmento de la obra de Chico Xavier, junto con textos que también leí de Brian Weiss, Dolores Cannon, Michael Newton, Aurelio Mejía y José Luis Cabouli, no hacen más que confirmar este concepto. Además, desde que comencé a practicar la hipnosis, me he topado con historias en las que se apreciaba claramente que los acontecimientos de vidas pasadas de aquellos que llegaban para una sesión, estaban relacionados directamente con los síntomas que estaban experimentando en la vida actual. Es más, pude comprobar que, al ellos revivir esos eventos traumáticos de un supuesto pasado, hacía que el síntoma desapareciera inmediatamente. ¿Por qué? Porque, sin yo ser consciente en ese momento, estaba ayudando al alma a cerrar un círculo, a completar aquello que no había podido culminar en ese momento causando el atrapamiento de la misma.

La multisimultaneidad

La palabra simultaneidad hace referencia a la relación entre dos o más sucesos que ocurren al mismo tiempo dentro de un marco de referencia temporal. Entonces, si utilizamos la palabra multisimultaneidad, estamos haciendo referencia a múltiples pares de acontecimientos que suceden al mismo tiempo dentro un marco de referencia temporal. ¿Confuso? Pues bien, trataré de explicar esta idea de mejor manera en las siguientes líneas.

Habiendo compartido todos los conceptos anteriores, podríamos hacernos la siguiente pregunta: si el tiempo es una ilusión y todo pasa ahora, si el pasado no existe y este se encuentra con nosotros ahora —en forma de síntomas—, ¿cuáles serían los factores que pueden afectar a nuestra alma? Tanto la pregunta como la explicación son complicadas, pero intentaré explicar esto de forma sencilla. Primero voy a explicarlo con un ejemplo, utilizando el tiempo lineal: pasado, presente y futuro, porque esto es lo que entendemos más fácilmente. Luego, lo veremos en tiempo cuántico. Es el mismo ejemplo que usé en mi libro "Guiando a las almas perdidas", pero esta vez lo explicaré de una manera un poco distinta.

Supongamos que John llega a consulta para tratar de entender el origen de su claustrofobia. Durante la sesión, me relata su primera experiencia de cuando era un niño y se subió a un elevador, donde sufrió un ataque de ansiedad sintiendo que no podía respirar y que se iba a morir. John no entendía la causa de estos síntomas que siguieron manifestándose a lo largo de su vida cuando se subía a aviones, trenes o pasaba con su auto por algún túnel.

Utilizaremos la siguiente gráfica para mostrar las supuestas vidas pasadas que John ha tenido:

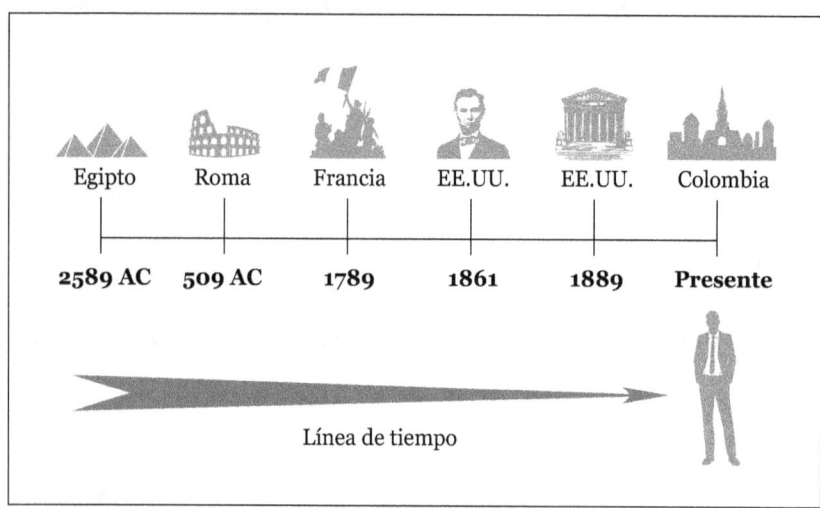

En la gráfica podemos apreciar que John tuvo vidas pasadas en Egipto, Roma, Francia, Estados Unidos y en Colombia, donde reside actualmente. Vamos a seguir suponiendo que, mientras exploramos los síntomas, él va visitando los eventos de esta vida en los que experimentó esa asfixia y miedo a morir. Cuando le pido que vaya más atrás hasta la primera vez que tuvo esas sensaciones —sin utilizar la expresión vida pasada—, él retrocede a una donde comienza a describirme lo que ve: pirámides y esfinges. Se trata de Egipto. Mientras sigo haciendo preguntas, me cuenta que es uno de los sirvientes de una persona importante y que esta acababa de fallecer. Mientras sigo haciéndole preguntas, John me describe la ceremonia que está tomando lugar, en la que están poniendo el cuerpo en una especie de cueva o cámara funeraria. John me comenta sobre la dificultad para respirar, la oscuridad del lugar y de cómo les piden a los sirvientes que se queden de pie rodeando el lugar donde yace el cuerpo de su amo.

A continuación, me dice que los familiares salen y que, de pronto, se escucha cómo la gran piedra que cubría la entrada a la cueva es movida para sellarla con él y los otros sirvientes dentro. Inmediatamente, su cuerpo comienza a ponerse rígido, siente la falta de aire, la oscuridad, el miedo de morir y me relata cómo, lentamente, su cuerpo muere sumido en el miedo y la angustia.

Si analizamos este evento desde el punto de vista del tiempo lineal, comenzaríamos a hacer una serie de suposiciones erróneas. Por ejemplo, nos referiríamos a la vida en Egipto como una vida pasada, luego asumiríamos que, si John murió de asfixia en Egipto, entonces también experimentó los mismos síntomas sin entender su origen en las siguientes vidas en Roma, Francia, Estados Unidos y Colombia. ¿Por qué? Porque son las vidas que vivió después de la de Egipto. Yendo un poco más allá y, siguiendo la estructura del tiempo lineal, pensaríamos también que no hay nada que podemos hacer para ayudarlo porque "¿cómo sería posible ayudar a sanar a alguien de algo que sucedió en otro cuerpo que ya no existe?" Si pensamos de esa manera, entonces, una vez muerto ese cuerpo, el síntoma debería terminar en esa vida, debería quedarse en el pasado y no tendría por qué afectarlo ahora. ¿Se entienden todos los errores que podríamos cometer si vemos este acontecimiento desde la estructura del tiempo lineal?

Ahora veamos este mismo ejemplo desde el punto de vista del tiempo cuántico, desde el tiempo que entiende el alma en el cual todo sucede ahora.

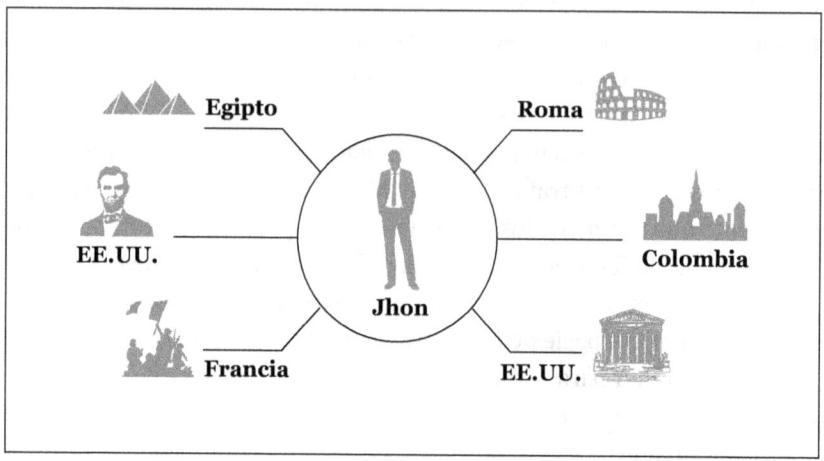

Viendo esta nueva gráfica, se puede notar que he puesto todas las vidas que John ha tenido alrededor de él. Esta sería la representación correcta, pues, para el alma de John, todo está sucediendo ahora. Veamos esta gráfica como la de una red de cómputo en donde el servidor, el computador principal que almacena y procesa todos los datos, se encuentra al centro y las estaciones de trabajo, los terminales o computadores, se encuentran alrededor en una concesión tipo estrella. El servidor es el que interconecta a los demás computadores, y estos, al mismo tiempo, se conectan al servidor para obtener la información. Desde este punto de vista, todo lo que sucede en los computadores y en las estaciones de trabajo afecta al servidor, y todo lo que le afecte al servidor afectará a los computadores.

Ahora, imaginemos que un computador, uno de los terminales, es infectado por un virus y que ni los computadores, ni el servidor tienen antivirus. ¿Qué es lo que pasaría siguiendo este supuesto? Pues que al infectarse el computador, este perjudicará al servidor conectado a él y que, a su vez, el servidor infectará a los otros computadores que estén conectados a él. Esto es lo que sucede en realidad con lo que llamamos vidas pasadas y con nuestra alma.

Ahora, reemplacemos el servidor por el alma de John y los computadores conectados a él por las supuestas vidas pasadas de John. Una vez hecho esto, podemos entender que, para el alma de John, todo está sucediendo ahora, que las vidas pasadas en realidad no son pasadas y que lo que haya o aún esté sucediendo en ellas repercutirá en su vida actual. Ahora, reemplacemos el virus que infectó uno de los computadores por la muerte traumática que tuvo en Egipto donde murió encerrado y asfixiado. Esto, por lógica, va a afectar el alma de John y, de no ser trabajado de forma terapéutica en esta vida, lo más probable es que también perjudique una futura.

Siguiendo esta línea, imaginemos ahora que se contrata a un informático para que instale un antivirus en el servidor. Lo que sucederá es que este antivirus hará un barrido a todas las estaciones conectadas a él, eliminando cualquier rastro del virus. Ahora, para entender esto mejor, reemplacemos al informático por el terapeuta y al antivirus por el entendimiento de lo que pasó en la vida en Egipto y el poder completar y cerrar aquella experiencia para siempre. Lo que sucederá es que el alma de John hará un barrido de todos los eventos similares a esa muerte y eliminará las emociones y los síntomas relacionados con dichos eventos.

Hasta aquí hemos usado un ejemplo en el que el alma estaba siendo perjudicada por un evento en una vida pasada. Esto explicaría claramente el concepto de la simultaneidad, pero lo que en realidad sucede es que nuestra alma arrastra traumas de varias vidas, no solo de una. Entonces, supongamos que John murió en su vida en Roma en el coliseo romano, siendo un cristiano que fue atacado por un león. También agreguemos que, en la vida en Francia, falleció por una herida de espada que le atravesó la espalda y que, en una de sus vidas en Estados Unidos, lo hizo por una herida de bala en la guerra civil. Si vemos cuántas muertes traumáticas ha tenido John en sus vidas pasadas, podríamos deducir que todos esos traumas están con él ahora en este cuerpo al mismo tiempo. Este sería el concepto de la multisimultaneidad.

Si bien solo hemos empleado muertes traumáticas con las supuestas causas de esas muertes, debemos recordar que los síntomas (físicos, emocionales o mentales) que se manifiestan en nuestra vida actual, no solo están asociados a traumas físicos, sino también a otro tipo de eventos en vidas pasadas, la infancia, la vida intrauterina, nuestro tiempo en el vientre y hasta después de la muerte del cuerpo físico en una vida pasada. Más adelante explicaré todo esto bajo el concepto del atrapamiento del alma.

El alma, los traumas y el tiempo

La palabra trauma proviene del griego *"τραῦμαy"* y significa herida. Esta palabra hace referencia a una lesión física por un agente externo o de un golpe emocional que genera un daño persistente en el inconsciente. Para continuar con el contexto de este libro, nos enfocaremos en el trauma de tipo psicológico porque este no solo está asociado a la mente, sino también al alma.

Por trauma psicológico, entendemos el golpe emocional que genera un desequilibrio mental. Este trauma es causado por un miedo intenso o por no poder controlar un peligro real o potencial. Se puede producir cuando la persona se encuentra en el rol de observador o cuando es víctima de estas situaciones de terror.

Lo que he notado a través de la práctica de la hipnosis es que la mayoría de traumas que las personas traen a sesión, aunque muchas veces no se acuerden de ello, se originaron en la infancia e inclusive antes de su nacimiento, mientras se hallaban en el vientre materno. La explicación está en que nuestra infancia es la etapa en la que más vulnerables somos antes lo que sucede a nuestro alrededor y la etapa en la que por lo general somos simples observadores de todo esto que sucede, sin tener un correcto entendimiento o poder controlar esas situaciones.

Todos estos eventos traumáticos que experimentamos a temprana edad se graban en nuestra mente subconsciente de manera casi inmediata y se alojan en ella indefinidamente, ya que nuestra mente crítica aún no está desarrollada. A esto se suma que, durante los primeros seis años de vida, la mente del niño se encuentra en estado alfa, un estado expandido de conciencia que le permite aprender y procesar todo más rápidamente.

Como ejemplo podemos mencionar a aquellos niños que crecieron viendo a sus padres discutir constantemente, o que presenciaron el abuso físico y emocional al que su madre era sometida por su padre, también a esos otros que vivieron en hogares donde los padres eran adictos al alcohol o a las drogas. En fin, la lista podría ser interminable, pero es en estos casos que nuestra mente resulta afectada, provocando un desequilibrio. Otros sucesos que causan traumas y desequilibrios podrían ser las violaciones, los tocamientos indebidos, los accidentes y la muerte de seres queridos.

El subconsciente no es más que el conjunto de experiencias, traumas y emociones del alma, y que van consigo de cuerpo en cuerpo. Bajo esta premisa y la de que el alma no entiende de tiempo, puedo afirmar que los traumas tampoco lo tienen. Es decir, que estos traumas los lleva el alma consigo a otras vidas, otros cuerpos.

¿Esto quiere decir que desde el momento que nacemos ya tenemos el trauma? Cuando hablamos de volver a nacer, en realidad estamos hablando de reencarnar, del proceso por el cual el alma se reviste de una envoltura corpórea. Para el alma, la vida es una sola con experiencias en diferentes cuerpos. Esto quiere decir que el alma, al reencarnar, ya trae el trauma con ella y que este se manifestará en forma de síntomas (físicos, emocionales o mentales), cuando atraviese una situación o emoción similar a la que experimentó cuando ese trauma se grabó en su subconsciente.

Cabe mencionar que, cuando la mente consciente sabe que ese evento traumático va a sobrecargarte en la vida presente, es decir, que es mucho para ser procesado en ese momento, lo remueve, lo encapsula y lo envía al subconsciente. Esto provocará que, conscientemente, no recordemos lo que pasó, pero que, cuando experimentemos algo parecido, reaccionemos de la misma manera sin entender el por qué. Entonces, ¿cómo diferenciar los traumas de una vida pasada con los de la vida actual? Pienso que esto sería muy difícil de determinar partiendo de la premisa de que el alma no entiende de tiempos pasado, presente y futuro. Recordemos que, al reencarnar, pasamos por una especie de amnesia espiritual que no nos permite acordarnos de nuestras vidas pasadas, aunque, realmente, esas experiencias traumáticas están guardadas en nuestro subconsciente. Debido a este grandísimo detalle, cuando las personas se encuentran en un estado de trance hipnótico regresan a esos eventos traumáticos que habían borrado completamente de su mente.

Entonces, me atrevo a decir que no importa si un trauma tuvo lugar en una vida pasada o en una vida actual, este va con el alma y le está perjudicando ahora. Por eso, es fundamental manejar el concepto del tiempo cuántico mientras acompañamos a las personas en trance hipnótico. Tanto para el paciente como para el terapeuta, el trauma está originando síntomas ahora y es en el ahora que debemos trabajar con él para eliminar los malestares.

El PROPÓSITO DEL ALMA

Recordando que el alma es en realidad un espíritu encarnado, es preciso comenzar este capítulo entendiendo cuál es el propósito del espíritu. Qué mejor explicación puede haber que la brindada por los espíritus mismos en "El libro de los espíritus" de Allan Kardec.

En las preguntas 114 y 115 explican que los espíritus no son creados ni buenos ni malos, sino que siguen un proceso por el cual van mejorando y que, al conseguirlo, pasan de un orden inferior a uno superior. Ellos continúan diciendo que Dios creó a todos los espíritus sencillos e ignorantes, dándole a cada uno una misión con el único objetivo de ilustrarlo y de llegar progresivamente a la perfección por medio del conocimiento y la verdad. Aquí, la palabra clave sería progresivamente pues esto lo entiendo como las vidas que tendremos que vivir en busca de esa perfección.

Algo interesante que los espíritus relatan en este libro es acerca de los conocimientos que el espíritu adquiere, mientras padece las pruebas que Dios le impone. Los que aceptan su misión llegan más rápido a la meta, y los que no sufren con desagrado por culpa suya, lejos de la perfección y la dicha prometida.

Para darnos un mejor entendimiento, nos piden ver a los espíritus como niños inexpertos que adquieren poco a poco los conocimientos que les faltan, recorriendo las diferentes etapas de la vida. Si el niño es rebelde, pues continuará ignorante e imperfecto.

115. ¿Hay espíritus que fueron creados buenos y otros malos?

«Dios creó a todos los espíritus sencillos e ignorantes, es decir, faltos de ciencia, y dio a cada uno de ellos una misión con objeto de ilustrarlos y de hacerles llegar progresivamente a la perfección por medio del conocimiento de la verdad, y aproximarse a él. La dicha eterna sin perturbación estriba para ellos en esa perfección. Los espíritus adquieren los conocimientos sufriendo las pruebas que Dios les impone, que unos aceptan con sumisión, llegando así más prontamente al objeto de su destino, y que otros sufren con desagrado, permaneciendo por culpa suya lejos de la perfección y de la dicha prometida». -Según esto, parece que los espíritus en su origen, son como los niños, ignorantes e inexpertos; pero que adquieren poco a poco los conocimientos que les faltan recorriendo las diferentes etapas de la vida. «Sí; la comparación es exacta, pues el niño rebelde continúa ignorante e imperfecto, y se aprovecha más o menos según su docilidad; pero, al paso que la vida del hombre tiene término, la del espíritu se dilata en lo infinito»

Entonces, ¿cómo es que Dios les asigna pruebas a los espíritus? ¿Cómo es que estos llegan a la perfección progresivamente adquiriendo conocimientos? ¿A qué se refieren con las misiones que, al no aceptarlas, causan sufrimiento? Para entender cómo el espíritu avanza en su evolución progresiva a través de las pruebas que enfrenta, tendríamos que hablar de la reencarnación. Y, si vamos a hablar de la reencarnación, entonces tendríamos que comenzar entendiendo cuál es la organización, por así decirlo, del mundo espiritual, del lugar de donde vienen estos espíritus.

Hay bastante literatura que hace referencia a esta información. Una de las fuentes más completa es "Muchas vidas, muchos maestros", de Brian Weiss. Por otro lado, Michael Newton, en sus libros "El destino de las almas" y "Vida entre vidas", explica cómo está compuesto el mapa del mundo espiritual y de lo que supuestamente sucede durante el tiempo que el espíritu regresa a este después de la muerte de su cuerpo físico y el tiempo antes de regresar (reencarnar). Pienso que sería absurdo repetir lo que se menciona en estos libros sin haber corroborado o confirmado estos conceptos a través de mis propias sesiones de hipnosis.

Tomando las definiciones que también he compartido en mi libro "El propósito de mi alma", podremos darnos una idea del proceso por el que pasa un espíritu antes y después de reencarnar. También conoceremos todo aquello que nos afectará una vez que estemos reencarnados: las lecciones aprendidas, el karma, los contratos, la elección del cuerpo, entre otros sucesos. Muchas veces, estos nos harán sentir como víctimas y, al no entenderlos, también contribuirán a que estas situaciones se puedan convertir en eventos traumáticos que puedan terminar en un atrapamiento de nuestra alma.

A continuación, compartiré algunas de esas definiciones.

Los grupos espirituales

Es un grupo de espíritus con un interés común y que se hallan, básicamente, en el mismo nivel de evolución. Entiéndase a este grupo como compañeros de un aula escolar, los cuales emprenderán juntos su camino de aprendizaje, compartiendo experiencias, viviendo momentos felices y tristes, enfrentando retos, misiones y ayudándose el uno al otro a evolucionar.

El grupo espiritual es constituido desde el momento en que el espíritu es creado como tal. Algunos podrán avanzar más que otros y pasarán a formar parte de nuevos grupos; otros se demorarán un poco más en su evolución teniendo que repetir las lecciones, tal como sucede en una escuela.

Lo interesante de los grupos espirituales es que casi siempre el color de la energía de sus espíritus es la misma, al igual que lo que los motiva a formar parte de ese grupo. También se ha podido notar que el nivel de evolución espiritual es casi el mismo entre todos los integrantes. El color de la energía es el que permite descifrar el nivel evolutivo del espíritu. Los colores comienzan desde blanco, luego amarillo, continuando combinaciones con rosado, naranja, hasta colores más oscuros como el morado, el cual puede significar un espíritu más evolucionado.

En mi libro "El propósito de mi alma", relato mi experiencia con Dodris, un espíritu guía que se manifestó a través de una colega en trance hipnótico y cuyo color era morado. Lo que me permitió saber el tipo de espíritu con el que estábamos comunicándonos fue casualmente el color de su energía.

Los miembros de un grupo espiritual, suelen reencarnar juntos, pero no en todas las reencarnaciones. Cada miembro jugará un rol distinto en su reencarnación, el cual no solo le permitirá aprender, experimentar y evolucionar, sino que también contribuirá a que otros miembros del grupo que se encuentran encarnados, logren evolucionar a través de ese aprendizaje.

Podríamos decir, entonces, que los miembros de un grupo espiritual deciden tomar roles en las reencarnaciones, tal cual lo harían los artistas en una obra de teatro. La gran diferencia en este caso es que esta obra de teatro estaría hecha de acuerdo a nuestras necesidades, de acuerdo a las pruebas y lecciones que debemos enfrentar en ella, para así lograr nuestra evolución.

Más de una vez me ha tocado presenciar la alegría de mis clientes al reencontrarse con los miembros de su grupo durante un trance hipnótico. Varios han mencionado los nombres y roles que cumplen en su actual reencarnación y otros han hablado sobre aquellos espíritus a los que consideran sus almas gemelas, con las que reencarnan frecuentemente. A través de sus descripciones he podido apreciar el gran compañerismo y amor que existe entre ellos y el reconocimiento del rol que cada uno juega en su evolución espiritual.

Cabe mencionar que —tal como dice Michael Newton— pareciera que los espíritus que juegan el rol de nuestros padres, no forman parte de nuestro grupo espiritual, sino de otros con los que interactuamos y acordamos reencarnar. De ellos podremos aprender tanto desde el amor como desde el sufrimiento, siendo este último un amplificador de ese aprendizaje. Michael Newton va incluso más allá, afirmando que, con estos otros grupos a los que pertenecen los espíritus de nuestros padres, la interacción se da para trabajar en asuntos relacionados al karma. Esto es algo que no he podido comprobar, pero algo que sí he corroborado es que la mayoría de los traumas que llevamos con nosotros se generaron en la infancia. Muchas veces como consecuencia de lo que experimentamos a través de nuestros padres, mientras nos encontrábamos en una situación vulnerable debido a nuestra inmadurez física y mental. No sé si a esto se le podría llamar karma, pero definitivamente son estas experiencias las que nos marcan de por vida y las que nos hacen evolucionar espiritualmente.

También he podido notar que el karma —la acción de saldar una deuda— es lo que hace que nos sintamos víctimas de otros, cuando, en realidad, solo estamos sintiendo aquello que le hicimos sentir al otro. Más adelante explicaré acerca de los roles que jugamos en nuestras reencarnaciones, pero, por ahora, es preciso comprender que toda víctima ha sido un victimario antes, es decir, está pagando un karma. Y, es ese rol de víctima el que nos hará entrar en un espiral de auto sabotaje en caso no aceptemos lo que nos ha tocado vivir, viéndolo como parte de nuestra evolución espiritual.

Recuerdo el caso de una paciente que había sido víctima de tocamientos indebidos durante su infancia y adolescencia, por lo que había sufrido muchísimo. En estado hipnótico, regresó a una vida en la que era un soldado que entraba a las casas y violaba a mujeres. En esta vida, ella estaba sintiendo en carne propia lo que en su vida como soldado había hecho sentir a esas mujeres.

Los guías

Los guías espirituales son espíritus con un nivel de desarrollo espiritual más avanzado, encargados de guiar, como su nombre lo dice, a los espíritus que forman un grupo espiritual. Entiéndase que en esta organización de grupos y guías, no existe una cadena de comando. Ellos están ahí para ayudarnos a seguir con nuestra evolución espiritual.

¿Cómo estos guías nos ayudan a evolucionar? Para entender mejor la figura, pensemos en la labor de un mentor, al cual recurrimos por orientación hacia los objetivos que deseamos lograr. El mentor no nos dirá qué hacer, tampoco nos dará órdenes, ni nos impondrá su manera de pensar. El mentor estará cerca de nosotros para orientarnos, para sugerir ciertas acciones a tomar, basado en su experiencia al respecto. Dependerá de nosotros si seguimos esas sugerencias o no. Al final, nosotros somos los responsables de nuestro aprendizaje, ejerciendo nuestro libre albedrío en todo momento.

Un guía espiritual:

- Nunca nos dará órdenes.
- Nunca hará predicciones.
- No se impondrá ante nuestra evolución espiritual.
- Nunca nos dirá exactamente qué hacer.
- Hablará poco, pero dirá mucho.

Nuestro guía espiritual nos ayudará a evaluar las lecciones que nosotros mismos planeamos antes de reencarnar y a examinar los objetivos logrados al finalizar cada encarnación. Es nuestro guía espiritual quien, por lo general, nos recibe en el portal (la entrada al mundo espiritual), cada vez que regresamos a este lugar.

En realidad, nunca estamos solos, ni cuando estamos en el mundo espiritual, ni mientras estamos encarnados. Nuestro guía o guías siempre estarán ahí para asistirnos cuando lo solicitemos. Muchos de mis clientes, durante el estado de trance hipnótico, han mencionado ver una luz brillante que se les acercaba para comunicarles algo, ya sea durante el momento en que se encontraban en mi oficina o después de la muerte en una vida pasada. "Es mi guía. Siempre me acompaña" es lo que han comentado muchos en esos momentos.

Las personas que experimentaron esa comunicación con sus guías durante su sesión de hipnosis, no repararon en describir el amor infinito que este ser de luz les transmitía, al igual que el sentimiento de no ser juzgados por ellos, sin importar lo que hayan hecho en la encarnación que acababa de terminar. "Todo es aprendizaje. No seas tan duro contigo mismo." Por lo general, es el mensaje que los guías nos transmiten al recibirnos.

Por otro lado, un concepto erróneo que tienen algunas personas que acuden a una sesión de hipnosis espiritual es creer que, estando en trance, podrán establecer una comunicación con su guía a voluntad, para que les diga qué hacer ante la situación que están atravesando. Muchos esperan que su guía espiritual resuelva su "problema" sin darse cuenta que esa circunstancia es, en realidad, una lección que deben superar para continuar evolucionando. Sería como pedirle a nuestro maestro que nos dé las respuestas del examen.

En algunas ocasiones, los pacientes, al comunicarse con sus guías, han sentido una suerte de bloqueo por parte de ellos. Es decir, no les permitieron acceder a cierta información ya que les arruinaría la lección que estaban pasando en ese momento. Nuestro guía no está ahí para solucionarnos la vida, sino para ayudarnos a evolucionar.

El "consejo" de los sabios

Llamado también el consejo de los ancianos, se trata de un grupo de espíritus más avanzados cuya función es evaluar el progreso de los espíritus que regresan al mundo espiritual tras finalizar su encarnación. Mis clientes han descrito este lugar de diferentes maneras. Unos lo describen como un ambiente abierto, como una especie de anfiteatro; otros lo describen como un lugar cerrado con techos y columnas altas.

El consejo ayuda a los espíritus a evaluar el progreso global de su evolución. Si bien es cierto que la comunicación parece ser directa con ellos, muchos han reportado que su guía espiritual se encontraba a su lado o detrás de ellos mientras interactuaban con estos espíritus más sabios.

La descripción otorgada tanto por los clientes de Michael Newton como por los míos es la de estar parado frente a una mesa larga, donde se encuentran sentados estos sabios uno al lado del otro. Entre los detalles en común que hay en los relatos, están el color de su energía —la cual puede ser más oscura, demostrando una mayor evolución— y el uso de túnicas de distintos colores y de una especie de medallones en el pecho.

Los sabios no solamente nos ayudan a evaluar nuestras vidas pasadas y evolución en general, sino que también nos brindan orientación complementaria a la de nuestros guías.

La biblioteca

Recordemos que las personas en trance que regresan a estos lugares en el mundo espiritual los describen con el vocabulario que poseen en la presente encarnación. Algunos han retratado esta área como un espacio con muchos estantes llenos de libros; y, otros han hecho referencia a este como un lugar abierto con diversos cristales. Lo que se encuentra dentro de la biblioteca es la información sobre las vidas pasadas de todos los espíritus. Algunos han utilizado el nombre de registros akáshicos, los cuales vendrían a ser una especie de bitácora.

A este lugar, los espíritus regresamos a estudiar nuestras vidas, a evaluarlas para tener una mayor comprensión sobre las lecciones que hemos aprendido, las que nos faltan cultivar y aquellas que venimos tratando internalizar desde hace unas cuantas vidas atrás. Si bien es cierto que algunos han reportado ir solos a este lugar, la mayoría ha reportado ir a la biblioteca con su guía, quien les ayuda a evaluar la última encarnación al poco tiempo de haber desencarnado, de haber regresado al mundo espiritual.

Algo que ha ocurrido unas cuantas veces es que, al abrir estos libros, están vacíos, causando una gran confusión al espíritu que intenta apreciar su evolución. Cuando les pedí que le preguntaran a su guía por qué las páginas estaban en blanco, la respuesta fue: "Debes desear ver para poder entender". Debían estar listos para afrontar lo que iban a ver. Pero, ¿por qué debemos estar listos para ver lo que hay en esas páginas? Al abrir los libros, describen ver imágenes o videos con los que pueden interactuar como si se tratase de realidad virtual. Ahí, pueden ver tanto lo que hicieron, como lo que las otras personas sintieron como consecuencia de sus acciones. Este momento sería todo un reto para nosotros. Tomar responsabilidad sobre nuestros actos.

El karma

Muchas veces confundido con un castigo, la palabra karma (en sánscrito) es la energía que se genera a partir de los actos del ser humano. Entiéndase por karma la ley de causa y efecto, la ley del balance, del equilibrio.

Desde el punto de vista de la espiritualidad y la reencarnación, esto quiere decir que experimentaremos en carne propia todo aquello que hagamos experimentar a otro. Es por este motivo que, personalmente, no creo que existan espíritus buenos o malos, sino solo espíritus más evolucionados que otros. Cuando alguien hace algo 'malo' desde la óptica del ser humano, en realidad no lo estaría haciendo por ser malo, sino por ignorancia. Si supiera que aquello que está ocasionando en el otro, lo tendrá que sentir él mismo en carne propia más adelante, no lo haría.

Innumerables veces me ha tocado facilitar sesiones a personas que fueron abusadas o violadas en esta vida, experimentando todo tipo de síntomas y contrariedades a consecuencia de ello y sumidos en un rol de víctima, que al regresar a una vida pasada pudieron ver cuál había sido el origen de su situación actual. Para sorpresa de ellos, tanto hombres como mujeres, fueron ellos los violadores en esa vida pasada. Al reencarnar, se dieron cuenta que ahora tenían que enfrentar la consecuencia de lo que habían hecho en otro cuerpo.

Yo diría que el concepto del karma es uno de los más difíciles de comprender por aquellos que están atrapados en el rol de víctima. Entender qué es el karma conlleva no solo entender que muchas de las situaciones que estamos viviendo pueden ser el producto de nuestras propias acciones —tanto en esta vida como en una anterior—, sino que también conlleva hacernos responsables por esas acciones, nos guste o no.

Conocer cómo funciona el karma y cómo funciona esta ley de causa y efecto, no enseña a considerar los sentimientos de los demás y a ponernos en el lugar de la otra persona. Por ejemplo, si pienso en serle infiel a mi pareja, el karma me enseña a ponerme en el escenario de que ella me sea infiel a mí. Entonces, la decisión sobre mis actos estará basada en ponerme en los zapatos de la otra persona primero.

El karma, entonces, se convierte en un punto importante al planear nuestra siguiente reencarnación, puesto que aparte de las lecciones que programemos para nuestra evolución, también tendremos que considerar las deudas que hemos adquirido con otros.

Los contratos

Estos serían los acuerdos que hacemos con otros espíritus, tanto de nuestro grupo espiritual como los de otro grupo, para interactuar una vez estemos reencarnados. El objetivo de esta interacción es diverso. Se puede interactuar para aprender una lección, para saldar el karma, para sanar las relaciones entre padres, hijos, hermanos, parejas, y etcétera.

Como con el concepto del karma, el de los contratos puede también ser un tanto difícil de procesar. Si, por ejemplo, durante la infancia hemos sufrido todo tipo de maltrato y abuso por parte de nuestros padres y, como consecuencia de estos estamos sumidos en una gran depresión y experimentando síntomas psicológicos, ¿sería fácil entender y aceptar que nosotros mismos elegimos a esos padres? ¿Sería fácil para nosotros aceptar que nosotros mismos elegimos esas situaciones de sufrimiento?

La mayoría dirá que esto no tiene sentido, pues por qué mi alma planificaría sufrir durante la infancia, cuando ni siquiera podemos defendernos. Es difícil explicar, desde el punto de vista terrenal, por qué esto funciona así. Muchos de mis clientes han reportado haber interactuado con el espíritu de sus padres antes de nacer. Sería durante esta interacción que acordarían jugar el papel de padres e hijos (el contrato). Estas evidencias también se pueden hallar en los libros de Michael Newton y Dolores Cannon.

Aún recuerdo la sesión de Luz, quien había venido a Charlotte, Carolina del Norte, para tener una sesión con mi maestro Aurelio Mejía, y en la cual pude participar también. La gran tristeza de Luz se debía a que su madre la había abandonado con su abuela cuando ella tenía solo cinco. Luz, quien en el momento de la sesión tenía una hija pequeña, no podía entender cómo su madre había podido tomar esa decisión. Mientras Luz se encontraba en un trance profundo, le pedí autorización a Aurelio para tomar el control de la sesión. Le pedí a la paciente que regresara al momento en el que estaba planeando la reencarnación que iba a tener como Luz. Mientras listaba las lecciones que debía aprender, dijo que a los cinco años su madre la iba a dejar. Le pregunté si ella estaba eligiendo esa lección y me dijo que sí, que su espíritu debía experimentar eso para aprender a ser independiente.

Cuando Luz salió del trance hipnótico, no recordaba nada de lo que había dicho durante la sesión. Ese día, Luz pasó de sentirse víctima a tomar el control de su vida, entendiendo que muchas de las circunstancias que había atravesado en su vida habían sido planificadas por ella misma antes de nacer.

Así como el caso de Luz, me han tocado muchos otros. Aunque para nosotros no tenga sentido, siempre tengamos esto en mente. Cuando pasemos por momentos difíciles, internalicemos que es más que probable que nuestro espíritu planeara esa experiencia con el fin de aprender; más aún, si esa situación dolorosa está relacionada con alguien más, como nuestros padres, hijos, parejas, etcétera.

Las lecciones

Uno de los conceptos más polémicos y difíciles de entender es el que dice que el alma es quien elige las lecciones que debe aprender en su siguiente reencarnación. Esta elegirá distintas situaciones e interacciones con otras almas para ese cometido. Puede sonar increíble incluso para el terapeuta, especialmente cuando hablamos de violaciones, abuso de menores y accidentes trágicos. ¿Por qué un espíritu necesitaría aprender a través del sufrimiento? La respuesta puede ser compleja. Se podría tratar de un karma, una deuda adquirida, o podría ser lo que he escuchado tantas veces en sesión: "tenía que aprender a perdonar con amor y sin juzgar".

Las situaciones son innumerables en realidad, pero también podríamos agregar los accidentes trágicos (que en realidad no son accidentes) o la muerte o pérdida de un hijo, etc.Nosotros escogemos estas circunstancias basándonos en lo que creemos que nuestro espíritu necesita aprender para seguir evolucionando, pero lo que no sabemos en realidad es cómo reaccionaremos ante esas situaciones. Algunas extremas y dolorosas podrán generar un trauma que termine desencadenando el atrapamiento de nuestra alma.

Estas experiencias aparecen sin falta en las sesiones de hipnosis, y son las mismas personas quienes, en trance hipnótico, se dan cuenta que ellas fueron quienes las eligieron. Es como una hoja de ruta a seguir con diferentes objetivos a lograr en cada vida. Estas lecciones son planeadas con la ayuda de nuestros guías y de nuestro grupo espiritual. Cuando una lección se aprende, el espíritu planifica una siguiente lista de objetivos y así continúa evolucionando con una especie de ruta hecha a su medida.

El reto está cuando una lección no se aprende. Esto puede suceder por distintos motivos: sentirnos víctimas, no tomar posesión de la lección que tenemos en frente, huir de las lecciones dolorosas, no querer perdonar, entre otros.

Cuando una lección no se aprende, mientras estamos encarnados, esta regresará una y otra vez a nosotros disfrazada de otra persona o situación. Esto se puede ver claramente en nuestras vidas cuando un mismo patrón se manifiesta. Cuántas veces hemos visto a personas entablar una relación con un mismo tipo de persona abusiva a través del tiempo; y, otras que son constantemente dañadas por expresiones hirientes que le afectan la autoestima, habiendo comenzado con sus padres desde su infancia.

Lo que he podido notar en las sesiones de hipnosis que he facilitado y esto también lo menciona Robert Schwartz en su libro "El plan de tu alma", es que desde el inicio de nuestra vida experimentamos lo opuesto a lo que debemos aprender. Si lo que viví fue desamor, pues será más que seguro que lo que tendré que aprender es a dar y recibir amor. Si lo que experimentamos fueron maltratos emocionales que lastimaron nuestra autoestima, pues es posible que debamos aprender sobre el amor propio y a querernos a nosotros mismos.

Las preguntas más comunes que traen mis clientes a su sesión de hipnosis es "¿Qué es lo que debo aprender?" y "¿por qué me pasa esto siempre?" Si tratamos de entender las lecciones desde el punto de vista de la espiritualidad, es decir, tomando en cuenta que somos un espíritu teniendo una experiencia humana y que este planeta no es más que una de las muchas escuelas que tiene el universo y a las que acudimos a aprender para nuestra evolución, sabríamos que no necesitamos una sesión de hipnosis para recordar o descifrar lo que tenemos que aprender. Solo tenemos que ser conscientes del patrón que se presenta es nuestra vida, esas situaciones muy parecidas que nos ha tocado enfrentar a través del tiempo, para así darnos cuenta que lo que tenemos que aprender es lo opuesto a eso que hemos venido experimentando.

Más adelante, veremos que aquellas pruebas que se nos presentan una y otra vez pueden tener su origen en una vida pasada. Estas pueden ser el resultado de un evento en otra vida que está causando que nosotros mismos nos saboteemos en la vida actual.

¿Qué tipos de lecciones planificamos antes de reencarnar? Las lecciones son infinitas, pero es hay unas cuantas que son más difíciles de cultivar: el perdón, el amor, la autoestima, limitaciones físicas y emocionales, el ser uno —es decir, que todos estamos conectados y venimos de la misma fuente—, etcétera.

Recuerdo la conversación que sostuve con una amiga que se sentía preocupada por el comportamiento de su hijo. Trababa de explicarle cómo es que nosotros, antes de nacer, elegimos las enseñanzas que tendremos durante nuestra vida, y le expresaba mi opinión acerca de que ella y su hijo podían tener algo en lo que trabajar y aprender juntos, al haber coincidido en esta reencarnación. Yo deseaba que ella viera eso que consideraba un problema, como una oportunidad para aprender, ya sea en el amor o en el sufrimiento. Sin embargo, su respuesta me indicó lo complicado que le era entender ese concepto:

"Si hemos planeado todo antes de nacer, entonces ¿para qué esforzarse o estudiar? Si todo ya está predestinado, ¿qué importa lo que hagamos si el resultado ya está predefinido?".

Al nosotros planificar los desafíos que atravesaremos en la Tierra con el objetivo de aprender, no hay garantías de que realmente aprendamos de ellos cuando reencarnemos. No se sabe cómo vamos a reaccionar o enfrentarlos en ese momento, pues hay muchas variables que entran en juego.

Pensemos en una lección que podríamos haber planeado en el mundo espiritual y en la circunstancia que enfrentaremos para poder aprenderla. Ahora, visualicemos esta lección y esa circunstancia como una pregunta que tiene respuestas múltiples posibles a elegir, tales como las que encontrábamos en los exámenes de la escuela; pero imaginemos que esas posibles respuestas no van de la A a la E, sino de la A al infinito, y que no existe una respuesta cien por ciento correcta ya que todas son válidas. Así son las lecciones que ideamos. No interesa cómo las vayamos a enfrentar o cómo vayamos a reaccionar ante ellas, pues siempre habrá algo que aprender. Si bien es cierto que puede haber una respuesta que nos dará un mayor puntaje, las otras que elijamos de igual forma colaborarán al resultado final.

Por otro lado, un aspecto igual de relevante es la elección del lugar donde naceremos. Si vemos al planeta Tierra como una universidad, pensemos en los países, continentes o territorios como las facultades con diferentes especialidades. Dependiendo del país donde nazcamos, estaremos expuestos a diferentes sociedades, culturas, leyes y religiones. No es lo mismo nacer y crecer en Suiza, por ejemplo, que en la India. Cada país y cada cultura nos ofrecerán un reto distinto desde el punto de vista económico, cultural y de creencias. De igual manera, no será lo mismo reencarnar como mujer, por ejemplo, en países más liberales que en otros donde el género femenino es fuertemente reprimido por la cultura y la religión. Cada territorio nos permitirá aprender algo distinto y evolucionar de diferentes modos.

Hay lugares que están constantemente en guerra, exponiendo a sus habitantes a bombardeos, muertes, destrucción y a vivir en un estado de zozobra constante. Hay otros países expuestos a desastres naturales (terremotos, tsunamis, huracanes o inundaciones). Por más absurdo que suene, estos países permitirán que sus residentes obtengan un aprendizaje especializado.

La elección del cuerpo

Uno de los pasos más importantes en la preparación de las lecciones es la elección del cuerpo. Cada prueba necesitará un cuerpo determinado, desde uno femenino y uno masculino. Si, por ejemplo, el espíritu busca aprender sobre el amor incondicional, quizás el cuerpo que elija sea de mujer para poder así experimentar el amor de convertirse en madre. Si precisa experimentar y superar limitaciones, tal vez escoja un cuerpo con una discapacidad, ya sea de nacimiento o como consecuencia de un accidente.

Es por esto último que, al ver a una persona con una discapacidad genética, deberíamos formularnos la siguiente pregunta: *¿Esa persona* tiene esta condición por haber nacido en esa familia o nació en esa familia para tener esa condición? Por otro lado, en cuanto a los accidentes que han dejado algún impedimento físico, podríamos hacernos estas preguntas: ¿Cómo ese espíritu podría aprender lo que es la limitación sin antes haber experimentado lo que es no tener limitación alguna? ¿Son los accidentes en realidad accidentes?

Más de una vez me ha tocado facilitar sesiones en las que el paciente en trance obtiene la respuesta al para qué del accidente, en vez del por qué. Aunque sea difícil de creer y entender, hay espíritus que, una vez encarnados, atraen inconscientemente accidentes como una especie de escape a diversas pruebas que tienen que enfrentar, es decir, para evitar pasar por tal o cual lección.

¿Cómo puede ser posible esto? Para comenzar recordemos que contamos con libre albedrío y nosotros mismos podemos atraer a nuestra vida distintas situaciones que nos ayudarán o nos terminarán bloqueando. Entonces, bajo esta premisa, nosotros podemos, inconscientemente, generar circunstancias que hagan que no pasemos tal o cual lección que vinimos a aprender, ocasionando una demora en nuestra evolución, pues tarde o temprano tendremos que pasarla de todas maneras.

Durante mis sesiones de hipnosis, al utilizar la técnica Vida entre vidas de Michael Newton, he escuchado a mis clientes en trance hipnótico explicar los diversos motivos que los llevaron a elegir el cuerpo que tenían en su reencarnación actual. "Estoy eligiendo un cuerpo con sobrepeso y no muy bello para, en esta vida, evitar cualquier tipo de distracciones y enfocarme en lo que necesito aprender".

En el libro "Los mensajeros" de Chico Xavier, podemos encontrar la siguiente descripción del cuerpo humano que Aniceto, un compañero de servicio, le da a André Luiz:

Puede usted, identificar ahora, los movimientos de la materia viva. Cada órgano es un departamento autónomo en la esfera celular, subordinado al pensamiento del hombre. Cada glándula es un centro de servicios activos. Hay mucha similitud entre el cuerpo físico y la máquina moderna. Ambos son impulsados por una carga de combustible, con la diferencia de que en el hombre la combustión química obedece al sentido espiritual que dirige la vida organizada. En la mente es donde tenemos el gobierno de ese generador maravilloso. No sólo poseemos ahí, el carácter, la razón, la memoria, la dirección, el equilibrio, el entendimiento; sino también, el control de todos los fenómenos de la expresión corporal.

Es así, entonces, que podemos entender el cuerpo humano como nuestro propio universo dentro del universo donde vivimos. Cada cuerpo que ocupamos trae sus propios retos y desafíos. El cuerpo que elijamos hará que experimentemos las circunstancias que planificamos para así aprender nuestras lecciones.

¿Qué otros motivos puede tener un espíritu para elegir un cuerpo con limitaciones físicas? Basándome en mis estudios y en libros que he leído, pero sobre todo en lo que he hallado en las sesiones de hipnosis que he facilitado, puedo decir que un espíritu también puede preferir una condición o limitación para ayudar a su entorno cercano a aprender y a evolucionar. Más de una vez he tenido parientes de niños con síndrome de Down, por ejemplo, que, durante su sesión, pudieron comprender que ese espíritu había elegido reencarnar en esa familia para ayudarlos a evolucionar. Y, ¿qué podría aprenderse de ellos? Entre las muchas enseñanzas que nos trae, están el amor incondicional, la compasión, la paciencia y el no juzgar.

Aún recuerdo lo acontecido en la sesión de Luz, de quien hablé líneas arriba y cuya madre había desaparecido de su vida cuando tenía cinco años de edad. Utilizando la técnica del Cambio de rol, el hipnoterapeuta Aurelio Mejía comenzó a hablar, a través de ella, con el espíritu del hermano de Luz, quien tenía una condición mental que le hacía procesar todo de manera más lenta. Al consultarle para qué había elegido esa condición en esta vida y qué era lo que debía aprender, respondió: "El amor. No hay barreras. Yo entiendo más que tú. No estoy limitado. En este mundo, la gente piensa que somos diferentes, pero no es así. Yo pude haber ido a otro lado, pero quise estar aquí contigo para que aprendas que no hay límites en la vida, que yo puedo y tú puedes. Te amo hermana".

La amnesia espiritual

Luego de seleccionar cuidadosamente las lecciones de nuestra siguiente vida con ayuda de nuestros guías y miembros de nuestro grupo espiritual, siempre teniendo en cuenta los contratos (la elección de padres, parejas, hijos, entre otros) y el karma que deberemos pagar; y, después de incluso elegir el cuerpo que llevaremos y que nos servirá para lograr los objetivos trazados, algunos podrían pensar que ya todo está listo para nacer en la Tierra, pero no es así. Al llegar aquí, estaremos expuestos a lo que llamo la amnesia espiritual, es decir, a olvidar quiénes somos y para qué vinimos.

Este es el reto más grande al que nos enfrentaremos pues puede poner todos nuestros planes en riesgo. El espíritu encarnado no recuerda nada de lo que planeó en el mundo espiritual, incluyendo con quiénes deberá interactuar. La amnesia espiritual convierte la vida humana en una verdadera prueba, pero que, finalmente, existe para nuestro propio beneficio. ¿Cómo así? Pues bien, imaginemos que dos enemigos, en una vida pasada, se vieron envueltos en una pelea en la que uno de ellos acabó muerto en manos del otro, quien se encontraba envuelto en sentimientos de venganza y odio.

Como al matar se adquiere un karma, pongamos que, en la siguiente reencarnación, estos espíritus son enviados esta vez como padre e hijo, forzados a estar juntos y a aprender de la mano sobre el amor y el perdón.

Si no estuviésemos expuestos a la amnesia espiritual, ¿se imaginan cómo sería la reacción del padre al ver que su hijo que acaba de nacer fue su enemigo en la última vida? ¿Cómo sería la relación entre ellos? Recordar puede alterar aquello que hemos venido a aprender. En el caso planteado, recordar arruinaría la oportunidad para que ambos espíritus aprendan sobre el amor y el perdón.

Algo que he podido notar en estos años de práctica es que, por lo general, los niños tienen facilidad de recordar eventos de vidas pasadas e inclusive de ver espíritus. Pero, conforme estos van creciendo, esas memorias van desapareciendo y su sensibilidad para ver energías se va bloqueando de a pocos, ya sea por temor, por ignorancia de los padres sobre el tema, la sociedad o la religión. Actualmente, gracias a Internet, se pueden encontrar muchos casos documentados de niños que recuerdan sus vidas pasadas. Ellos mencionan el lugar donde vivieron, sus familiares, su profesión y hasta, en algunos casos, cómo murieron o quién los había matado.

Michael Newton explica cómo sus pacientes, estando en trance hipnótico en el mundo espiritual, aseguraban reconocer a quien sería su pareja cuando estuviesen reencarnados Esto sería como un mecanismo de contingencia para asegurarse de que ambos espíritus ya reencarnados comenzarán una interacción para desarrollar las lecciones que venían a aprender juntos. Algunos habían elegido reconocerse al mirarse a los ojos, otros por la sonrisa. Esto pude comprobarlo en mis propias sesiones, cuando mis pacientes me hablaban de identificarse por la voz o por los ojos. Aún recuerdo cuando, años después de estar casados, mi esposa Catherine me dijo que cuando me conoció supo que tenía que casarse conmigo. Ella no dijo sentí o quería, sino que tenía. Por mi parte, al verla a los ojos, sentí que la conocía de siempre. Sin duda alguna, nuestros espíritus se habían reconocido en ese momento para echar a andar nuestro plan de aprendizaje.

***

Hasta aquí hemos visto algunos de los componentes del mundo espiritual y de la reencarnación, aquellos pasos que seguimos o herramientas que utilizamos para aprender y evolucionar. Haciendo referencia a lo que mencioné al inicio del capítulo, en "El libro de los espíritus" de Allan Kardec, se halla esta idea:

> Dios creó a todos los espíritus sencillos e ignorantes, dándole a cada uno una misión con el objeto de ilustrarlo y de llegar progresivamente a la perfección por medio del conocimiento y la verdad.

Así, nosotros (los espíritus) vamos logrando la perfección en esta escuela llamada planeta Tierra, planificando lecciones y pruebas ayudados por nuestros guías espirituales y apoyados por nuestro grupo espiritual, experimentando las emociones que solo podemos vivir aquí, mientras estamos encarnados, al mismo tiempo que intentamos recordar que todos somos uno y que el secreto de la vida radica en el amor incondicional y el perdón. Todo esto ocurre mientras nos hallamos sumidos en una amnesia espiritual, en un mundo de confusión por el que vamos tratando de reconstruir quiénes somos y para qué estamos aquí, mientras aprendemos a usar nuestro corazón como si fuera un GPS para llegar a nuestro destino y meta.

El cazador

El caso de Chris es difícil de olvidar. Él llegó a mí luego de que Jon, su padre, tuviera una sesión de hipnosis facilitada por mí. Entre las cosas que su papá había querido trabajar estaba la preocupación acerca de la situación de Chris, quien, después de un accidente, había perdido la posibilidad de seguir jugando béisbol profesionalmente. Para la familia, había sido un hecho muy triste.

Durante su sesión y después de visitar una vida pasada, Jon llegó a un lugar que describía como una especie de biblioteca con varios estantes altos y con cajones. Me describió que podía flotar hacia esos estantes y abrir esos cajones, en donde se encontraban unas tarjetas. Mientas le pedía más información, me dijo que en ellas había registros de las vidas de distintas personas. Al llegar a la tarjeta de Chris pudo ver que, en una vida pasada, había sido feliz explorando, pero fue asesinado por los indios. "Era feliz y le quitaron eso", relató.

Al preguntarle cómo se relacionaba esa escena con la vida actual de Chris, me dijo que era lo mismo. Él era feliz y estaba explorando —refiriéndose al deporte que practicaba—, pero la gente le dijo que era bueno y se vio forzado a seguir jugando. Le habían quitado esa felicidad. Chris quería hacer otra cosa, pero, por hacer feliz a los demás, había accedido a practicar béisbol. Esto había sido una revelación para Jon, pues no sabía que su hijo se sentía así.

Días después recibí la llamada de Chris para agendar su propia sesión de hipnosis. Cuando se presentó, me dijo que era hijo de Jon y que, al ver el video de la sesión de su padre, había quedado impactado con la información que este había obtenido. "Mi padre dijo cosas que yo nunca le había comentado", me dijo.

Cuando llegó a su sesión expresó que deseaba trabajar dos síntomas que le molestaban continuamente. Uno de ellos era una gran tristeza que lo embargaba cada cierto tiempo, sin razón alguna. Me contó que pasaba períodos en los que se sentía vacío y triste sin saber por qué. Por otro lado, estaba el accidente que había sufrido en la rodilla practicando béisbol cuando tenía un futuro prometedor. En la búsqueda del origen de su tristeza, llegamos a la vida pasada que compartiré a continuación. Es en aquella vida que también hallaríamos la verdadera razón por la que habría sufrido ese accidente en esta vida.

Antonio: Ahora que estás ahí, quiero que mires tus pies y que me digas qué estás usando.

Chris: Nada.

A: Ahora, siente tu cuerpo. ¿Se siente de hombre o de mujer?

C: De hombre.

A: ¿Joven o mayor?

C: De edad media.

A: ¿Qué estás vistiendo?

C: Tengo una camisa y algo cubriendo mis partes privadas.

A: Ahora, quiero que veas tu piel. ¿De qué color es?

C: Muy bronceada.

A: ¿Estás usando algunos ornamentos en tus brazos o cabeza?

C: Tengo brazaletes.

A: ¿Tu cabello es corto o largo?

C: Es largo. Me siento muy molesto y feroz.

A: ¿Por qué te sientes feroz?

C: Me siento dominante. Estoy sosteniendo una lanza.

A: Mira a tu alrededor. ¿Qué ves?

C: Jungla.

A: ¿Hay otros cerca de ti?

C: No. Vivo en una especie de choza de barro.

A: Entra a esa choza y fíjate si hay alguien ahí.

C: Sí, hay una mujer. Es mi esposa. Siento que otros me temen.

Chris había llegado a una vida pasada donde era una especie de indígena. Podía notar que todo lo que me describía era un mínimo porcentaje a comparación de lo que estaba experimentando. Podía ver sus ojos, que, aunque cerrados, se movían de lado a lado como escaneando la actividad de la escena.

C: Mi esposa es alta. Tiene la piel bronceada. Está usando algo para tapar sus pechos y partes privadas. Tiene un collar. Creo que yo estaba cazando.

A: ¿Tienes hijos?

C: No. Siento que hay otras personas cerca de mi choza.

A: Pregúntales por qué es que te temen.

C: Dicen que soy malhumorado y malo.

A: Mira dentro de tu corazón. ¿Qué es lo que te pone de mal humor? ¿Por qué estás tan molesto?

C: Tengo que hacer todo yo mismo. Cazar. Nadie lo hace bien, así que lo tengo que hacer yo. Lo hago de todos modos porque tiene que hacerse.

A: ¿Cuántos hay en tu grupo?

C: Cerca de diez personas.

A: Y, ¿te sientes responsable por todos los demás?

C: Sí.

Le pedí a Chris que se alejara de esa escena y que fuera a otro momento significativo en la vida de ese hombre. Sus ojos comenzaron a moverse de lado a lado, como viendo una película y buscando la información que le había pedido.

A: Tres, dos, uno. Ya estás ahí.

C: Estoy muy feliz. Tengo una hija. Es una niña pequeña y soy muy protector con ella.

A: ¿Cómo está tu esposa?

C: Está bien. Somos muy felices. Ya no estoy molesto.

A: ¿Qué ha cambiado?

C: Mi hija. Tiene ojos marrones, lucen muy familiares. ¡Es Louis! —dijo con emoción, refiriéndose a su hermana en esta vida.

A: Ahora, que eres feliz y te has reconectado con tu hija, quiero que te alejes de esa escena y que vayas al siguiente evento importante en la vida de ese hombre. Tres, dos uno. Ya estás ahí.

C: Estoy triste —comentó lamentándose y llorando—. Ya no están.

A: ¿Quiénes no están?

C: Mi esposa y mi hija. Se las llevaron.

A: ¿Quién se las llevó?

C: Unos con armaduras brillantes.

A: Y, ¿dónde estabas cuando se las llevaron?

C: Cazando. Estoy muy triste.

A: ¿Qué hay acerca de los otros en tu grupo?

C: Todos están tristes. Se llevaron a mucha gente. No quiero estar aquí.

A: ¿Habías visto a los hombres con armaduras antes?

C: No.

A: ¿Habías escuchado de ellos?

C: No.

A: ¿Qué piensas hacer ahora?

C: Nada —respondió con rostro de resignación.

A: Alejémonos de esta escena. Vamos al siguiente evento clave en la vida de este hombre. Tres, dos, uno. Ya estás ahí.

C: Estoy viejo y estoy en un jardín. Ya no cazo. Como del jardín, que es muy verde. Me siento vacío.

A: Porque extrañas a tu esposa y a tu hija.

C: Sí.

A: ¿Sientes algún dolor?

C: Mis piernas.

A: ¿Qué pasa con ellas?

C: Me duelen por haber cazado tanto.

A: Quiero que te muevas al momento en el que muere ese cuerpo y tu espíritu sale de él. ¿Qué piensas que debías aprender en esa vida?

C: A no darme por vencido, a no odiar.

A: ¿Pasaste esa lección?

C: Sí.

A: Chris dice que en su vida se siente triste de tiempo en tiempo sin aparente razón alguna en su vida actual. ¿Esa tristeza que siente está relacionada de alguna manera con esta vida que acabas de vivir?

C: Sí.

A: ¿Cómo se relaciona?

C: Se la quitaron.

A: ¿Te refieres a tu esposa e hija?

C: La felicidad.

A: Entonces, ¿cada vez que él siente que se le quita algo reacciona de la misma manera?

C: Sí.

Chris había reconocido a su hija de esa vida como su hermana en la vida actual cuando le pedí que la viera a los ojos. Es por eso que le hice la siguiente pregunta:

A: Estabas triste porque te habían quitado a tu esposa e hija, pero ¿te has dado cuenta que has recuperado a tu hija en esta vida, quien ahora es tu hermana Louis?

C: Sí —contestó sonriendo.

A: Entonces, no tienes por qué estar triste.

C: ¡Me siento feliz! —dijo llorando de emoción.

A: Entonces, pon mucha alegría en tu corazón porque tienes a tu hija de vuelta como tu hermana, por eso tienes una conexión muy especial con ella.

Fue así como Chris había ido al origen de la tristeza que sentía. Su alma se había quedado atrapada en la vida pasada del cazador. Al darse cuenta que su hija en esa vida había regresado como su hermana, hizo que sintiera que ya no había razones para estar triste. Su alma se había liberado del atrapamiento en el que se encontraba.

El conquistador

Mientras continuaba hablando con su espíritu, esa área de Chris que está conectada al mundo espiritual en todo momento y que supuestamente tiene más información, le pregunté si el dolor en las piernas que sintió el cazador estaba relacionado al dolor de piernas que sentía en la vida actual. Respondió que no. Entonces, le pedí que siguiera flotando hacia arriba y me dijo que veía varias luces a la distancia, pero que había una principal. Lo que él estaba viendo eran espíritus. Le sugerí que le pidiera a ese espíritu que se identificara. Cuando lo hizo, la palabra pierna llegó a su mente.

Chris: Veo a alguien.

Antonio: ¿Cómo luce?

C: No muy bien.

A: Descríbelo, por favor.

C: Está tirado en la playa.

A: Y, ¿qué está pasando?

C: Tiene una armadura. Le falta una pierna.

A: Pregúntale a esa luz (espíritu) quién es esa persona.

C: ¡Soy yo! —vociferó con sorpresa.

A: Pregúntale a esa luz si podemos visitar esa vida.

C: Dice que sí.

A: Ahora, quiero que flotes. Vamos a ir a esa vida ahora mismo, mientras cuento del cinco al uno. Vamos a dejar al cazador atrás. Desconecta sentimientos, emociones y pensamientos de esa vida. Solo visitamos esa vida para obtener información. Nada de eso te va a afectar. Cinco, cuatro, tres, dos, uno. Ya estás ahí. Mira tus pies. ¿Qué estás usando?

C: Estoy sangrando —dijo mostrando desagrado—. Me falta la pierna izquierda.

Se trataba exactamente de la pierna con la que tenía problemas en la vida actual.

A: ¿Qué te pasó?

C: Un animal en el agua.

A: ¿Cómo lucía ese animal?

C: Grande.

Nótese que, en ningún momento, utiliza nombres de especies que ahora son conocidas para nosotros. Quizás, en esa época, aún no se conocía ese animal y simplemente no tenía nombre. Lo más probable era que se estuviese refiriendo a un tiburón. Esto demuestra lo profundo que estaba en el trance hipnótico y qué tan inmerso estaba en esa vida.

A: Y, ¿dónde estabas? ¿En un bote o algo así?

C: Sí. No quería estar ahí.

A: ¿Por qué no querías estar ahí?

C: Porque no era feliz.

A: ¿Por qué no eras feliz?

C: Me trataban muy mal.

A: ¿Quién te trataba así?

C: El capitán.

A: Entonces, porque eras tratado mal...

C: ¡Salté! —dijo interrumpiéndome—. No me arrepiento. A pesar de que ahora estoy herido, soy más feliz.

A: ¿Quién más está en esa playa donde estás?

C: Nadie.

A: ¿Sabes cómo tratar esa herida?

C: No.

A: ¿Qué piensas hacer ahora?

C: Morir.

A: ¿Es aquí donde vas a morir?

C: Estoy feliz.

A: ¿Qué te hace feliz sobre morir?

C: Ya no tendré que estar con ellos.

A: ¿Qué es lo que no te gustó de ellos?

C: Los golpes. No me daban comida.

A: ¿Este era una especie de barco grande?

C: Sí.

A: Y, ¿cuál era la función de ese barco?

C: Conquistar.

A: Interesante. Y, cuando conquistabas, ¿cómo tratabas a las personas antes de saltar de ese barco?

C: No me gustó lo que ellos hacían —manifestó refiriéndose a sus compañeros.

A: ¿Qué estaban haciendo?

C: Mataban.

A: ¿Recuerdas el nombre del capitán?

C: James.

A: Mientras estás en esa playa, muévete al momento en que sales de ese cuerpo. Mientras sales del cuerpo, dime cuáles son tus pensamientos.

C: Me siento contento ahora. Ya no tengo que sufrir por eso. Prefiero estar muerto que trabajar y matar gente.

A: ¿Qué lección piensas que tenías que aprender en esa vida?

C: Sacrificio.

A: ¿Pasaste esa lección?

C: Sí.

A: También viviste una vida como cazador anterior a esta. Como el cazador estabas molesto porque la gente con armadura brillante se llevó a tu esposa e hija. Ahora, te has reencarnado en uno de ellos, en un hombre con armadura brillante.

C: Sí.

A: Entonces, has podido experimentar cómo se siente cuando te tratan mal y cómo se siente cuando tratas mal a la gente. Como puedes ver, esto es como una película, una obra de teatro. En una vida aprendiste cómo se siente cuando te tratan mal y en la otra, estuviste en una posición donde tuviste que tratar mal a la gente, a pesar de que no te gustara. Entonces, ¿qué consejo le darías a Chris, basado en la vida que acabas de vivir?

C: Para escapar de algo, algo más tiene que suceder, a pesar de que esa otra cosa parezca negativa. Es mejor que donde estabas.

A: Entonces, en tu vida, para escaparte de algo que no te gustaba, ¿qué tuviste que sacrificar?

C: Mi pierna —respondió respirando profundamente y poniéndose emotivo, refiriéndose al accidente que le había imposibilitado practicar béisbol profesionalmente.

A: Entonces, ahora Chris está pensando que, para escapar de aquello que no le gusta, tiene que sacrificar su pierna otra vez. ¿Tiene sentido?

C: Lo que está pasando ahora no es tan malo como era antes.

A: Correcto, pero, ¿piensas que, para escapar de la situación en que te encuentras y que no te gusta, debas sacrificar tu pierna?

C: No.

A: ¿Le puedes explicar eso a Chris? Él no necesita sacrificar su pierna esta vez. Él no es el hombre con armadura brillante.

Fue así que, después de unos minutos más, empecé a sacar a Chris del trance en el que se hallaba. Su sesión había sido fantástica y él había podido obtener las respuestas que buscaba.

Lo interesante de su experiencia es que, durante su vida de cazador, es más que seguro que sintiera odio y de que haya juzgado a los hombres con armaduras brillantes que se habían llevado a su esposa e hija. Luego, le tocó reencarnar como uno de ellos, para poder experimentar ambas caras de la moneda. El karma no es un castigo, sino la ley del balance. En este caso, Chris pudo experimentar emociones desde dos perspectivas.

Desde esas dos perspectivas, pudo encontrar el origen de la inmensa tristeza que sentía y también la razón por la que había sufrido un accidente en la misma pierna que le faltaba en la vida del hombre que había saltado del barco. Quizás, a nivel subconsciente, él se había ocasionado el accidente a sí mismo para escapar de su situación: el tener que jugar béisbol profesionalmente para que los demás se sientan felices.

Los accidentes, en realidad, no son accidentes. Estos cumplen una función y nosotros mismos tenemos la potestad de emplearlos para cambiar el curso de las lecciones que hemos venido a aprender. Podríamos decir que un accidente podría también usarse como una opción para activar el plan B de la lección que habíamos planeado originalmente.

EL ATRAPAMIENTO DEL ALMA

Durante estos últimos años en los que he practicado la hipnosis, he sido testigo de cómo las personas que regresaban a un evento traumático experimentaban un alivio casi instantáneo del síntoma que tenían. Podía ser desde un dolor en el cuello o una erupción en la piel, hasta problemas para hablar en público o un fuerte terror a la oscuridad. Muchos de estos síntomas, inexplicables desde el punto de vista de la medicina y de la psicología, que traían las personas a sus sesiones de hipnosis estaban asociados a un suceso del pasado —hablando en tiempo lineal— y a existencias en otros cuerpos.

No tuvo que pasar mucho tiempo para que me diera cuenta de que el síntoma es, en realidad, el hilo conductor que nos lleva a la experiencia original que lo causó, ya sea en esta vida, durante la infancia, la etapa intrauterina o del vientre materno, así como en una vida pasada o incluso tras desprendernos de ese cuerpo físico. Pero, no fue hasta que conocí el trabajo del hipnoterapeuta argentino José Luis Cabouli y me entrené con él en su técnica Terapia de vidas pasadas (TVP) que pude comprender mejor este concepto, llamado atrapamiento del alma.

Y, ¿en qué consiste el atrapamiento del alma? ¿Cómo es que el alma se puede quedar 'apresada'? Utilizando las ideas explicadas anteriormente, como aquella de que el alma no entiende de tiempo, pues para ella todo está sucediendo ahora; la multisimultaneidad; cómo es que los traumas se graban en la mente subconsciente, y que esta sobrevive al cuerpo y continúan con el alma; y, la fragmentación del alma, nos permitirá entender más fácilmente el concepto.

El atrapamiento del alma se genera cuando esta no ha podido procesar por completo una circunstancia traumática. Ese hecho inconcluso es el que genera los síntomas que podemos estar experimentando ahora. Cuando el alma no procesa el evento traumático a nivel físico, emocional y espiritual, entonces parte de ella se quedará atrapada en esa experiencia, haciendo que el alma lo experimente como si esto aún estuviera sucediendo, incluso a pesar de haber ocurrido en otro cuerpo y otra vida.

Por lo general, lo que he hallado es que ese atrapamiento toma lugar durante la agonía del cuerpo en una vida pasada, cuando el alma no puede procesar esa muerte correctamente desde los tres niveles mencionados en el párrafo anterior. Sin embargo, el atrapamiento se puede dar en otros momentos, no solo en la muerte. Si volvemos al ejemplo de la vida pasada de John, que describí en el capítulo *La ilusión del tiempo* y sobre el que hablamos explicando el concepto de la multisimultaneidad, podríamos decir que, al John tener una muerte traumática en Egipto, parte de su alma se quedó atrapada en esa experiencia, originando la claustrofobia que aún sigue experimentando.

Pero, ¿por qué diríamos que John no procesó su muerte correctamente? A continuación explicaré el concepto del atrapamiento con un ejemplo, pero comencemos por entender que, con la muerte, no solucionamos nada. Como dice mi maestro José Luis Cabouli, "nadie se convierte en santo al morir". Lo que esto quiere decir es que fallecer no hace que, automáticamente, aprobemos todas las lecciones que planeamos antes de reencarnar. No se van a resolver todos los conflictos que tenemos con otros, no tendremos un mejor entendimiento del perdón, ni tampoco se removerán los traumas generados en esa vida. La muerte es solo un cambio de estado. Lo que el ser humano ve como la muerte del cuerpo, el espíritu lo ve como un renacer en el mundo espiritual, al cual regresamos con todo nuestro equipaje emocional y asuntos inconclusos.

Lo que sucede, por lo general, durante un deceso traumático es que se genera una especie de visión túnel, es decir, que solo nos enfocamos en ciertas cosas que están pasando, quitándonos la oportunidad de ver todos los sucesos en conjunto y a la misma vez. Regresando el ejemplo de John, digamos que, en esa vida en Egipto, él tenía esposa y dos hijos a los que amaba mucho. Tan pronto él se dio cuenta de que iba a ser encerrado en la tumba con su amo y junto a otros sirvientes, empieza a entrar en pánico pensando en su esposa y sus hijos. De seguro pensaría lo siguiente:

"¿Qué va a pasar con mi esposa?"
"¿Quién va a cuidar de mis hijos?"
"No puedo dejar a mis hijos desamparados".
"Necesito quedarme para protegerlos".
"Siempre estaré con ellos".

Mientras él está pensando todo esto, su cuerpo está muriendo. No está tomando consciencia de todo lo que está pasando con él. Inclusive, mientras su cuerpo muere, puede que su último pensamiento sobre su esposa sea "te prometo que siempre estaré contigo". Una vez muerto el cuerpo, su alma se desprende de este sin haber podido hacer todo lo que necesitaba para cerrar el ciclo por completo en esa vida.

¿Qué más hubiera necesitado hacer el alma de John durante su muerte en Egipto, además de tomar conciencia de la muerte del cuerpo? Podríamos comenzar por tomar conciencia de lo que su cuerpo estaba sintiendo mientras moría: la falta de aire, el sentir que los pulmones dejan de funcionar, que el corazón se detiene y que, a su vez, el cerebro no recibe el oxígeno que necesita para seguir funcionando. Podríamos continuar diciendo que quizás necesitaba despedirse de su esposa e hijos, explicarles por qué lo estaban enterrando con su amo, perdonar a los que lo estaban encerrando ahí, entre otras cosas.

Todo esto es lo que quizás hubiese necesitado hacer John en su vida en Egipto para completar la experiencia, evitando así el atrapamiento de su alma.

Tipos de atrapamiento:

Atrapamiento en vidas pasadas

Si bien estamos usando el término vidas pasadas para no confundir al lector, se entiende que, para el alma, estas no se encuentran en el pasado y están sucediendo ahora en una línea del tiempo distinta, por así decirlo. El atrapamiento en vidas pasadas, por lo general, está asociado a la agonía del cuerpo, a lo que no se pudo completar en ese momento.

En el trabajo terapéutico que realizo durante una sesión de hipnosis, le otorgo la oportunidad al alma de tomar consciencia de lo que sucedió en esa experiencia y le ayudo a completar eso que no pudo, que quedó pendiente, tanto mientras estaba en el cuerpo como cuando se desprendió de este. Uno de los objetivos después de permitirle completar la experiencia, es el de ayudarle a tomar consciencia de que ese cuerpo ya murió y que nada de eso le pertenece ya. Con esto busco cortar la conexión a esa vida para así acabar con el síntoma. Si lo vemos desde el ejemplo de John, esto equivaldría a cortar la conexión, el cable de red que une este computador al servidor, en otras palabras, desconectar los síntomas de esa vida del alma de John.

Para completar la experiencia que había quedado pendiente, es necesario que la persona reviva todo lo que pasó, pero esta vez en compañía del terapeuta. Para desensibiliza el trauma, este debe ser experimentado en cierto grado una vez más. Durante este proceso de revivir esa vida pasada, no solo pregunto por las reacciones mentales, emocionales y físicas, sino que ayudo a la persona a comprender cómo eso que sucedió está afectando su vida actual, lo que le hace hacer y lo qué le impide hacer. Durante la muerte ayudo a que tome conciencia de lo que sintió cada parte de su cuerpo, lo que estaba pensando en esos últimos segundos, ya que podría derivar en un atrapamiento *post mortem*.

La madre inocente

Rachel llegó a consulta para trabajar ciertos síntomas que no la dejaban vivir plenamente. Entre ellos se hallaban su ansiedad al hablar con gente, sentir un nudo constante en la garganta, alergia en los ojos y una frecuente falta de energía. Una vez en trance comenzó visitando un recuerdo de su infancia, de cuando tenía seis años de edad y se encontraba en la escuela.

En él, la maestra le pidió que hiciera un ejercicio matemático en el pizarrón, pero ella no supo qué hacer. "No sé hacer nada", me comentó.

Rachel: Ella quisiera que yo haga algo, pero como no sé hacer nada me mira feo y me regaña.

Antonio: Y, ¿qué sientes tú cuando te regaña?

R: Mucha pena porque estoy delante de todos. Siento vergüenza.

A: ¿En qué parte de tu cuerpo sientes esa vergüenza?

R: En mi corazón. En mi pecho —respondió con voz suave.

A: Y, si supieras cómo se siente eso en el pecho, en el corazón, ¿igual o similar a qué sería?

R: Como si fuera fuego.

Esta sensación de fuego sería la que nos llevaría a la experiencia original.

A: ¡Eso es! ¡Muy bien! Siente ese fuego en el pecho. Y, si supieras dónde estás mientras sientes ese fuego en el pecho, aunque pienses que es un disparate, ¿dónde sería?

R: No sé dónde estoy.

A: ¿Qué es lo que ves alrededor tuyo?

R: No sé dónde estoy. Solo veo como si estuviera dentro del fuego.

A: Y, ¿qué sientes mientras estás dentro del fuego?

R: Veo todo naranja.

A: ¿Qué más sucede?

R: Veo gente.

Rachel había llegado al origen del síntoma. Al parecer había retrocedido al momento de su muerte en una vida pasada donde estaba siendo quemada. Esto era solo una suposición, pero ahora teníamos que averiguar cuál había sido el detonante para este tipo de muerte.

A: Ahora, voy a contar del tres al uno y vas a retroceder al inicio de esta experiencia, antes de que estés en ese fuego. Tres, dos, uno. Ya estás ahí. ¿Qué está sucediendo?

R: Me veo en una cueva. Está oscuro.

A: ¿Tienes cuerpo de hombre o de mujer?

R: De mujer joven.

A: ¿Qué estás vistiendo?

R: Como una túnica café.

A: Y, ¿qué estás haciendo en esa cueva?

R: Esperando —relató con voz triste—. Mi pelo es largo y amarillo.

A: Y, si supieras, ¿qué dirías que estás esperando?

R: Me siento encerrada ahí.

A: Siente ese encierro. ¿Qué sientes al estar encerrada ahí?

R: Incertidumbre.

A: ¿A qué se debe que estés encerrada ahí?

R: Estoy encerrada y no sé por qué. Esperando a que alguien venga.

A: Avanza un poco más. Continúa.

R: Hay más gente en la cueva de al lado. Siento dolor en mi cuello y tengo miedo.

A: ¿A qué se debe ese dolor en tu cuello?

R: Es como un mal presagio.

Rachel había retrocedido al momento en el que ella y otras personas estaban encerradas en una especie de cueva aguardando algo. Ahora, debíamos averiguar por qué estaban encerrados ahí. ¿Qué es lo que habían cometido para ser encerrados?

A: Ahora, quiero que vayas al instante previo en que te meten a esa cueva. Irás más atrás aún. Contaré del tres al uno. Tres, dos, uno. Ya estás ahí. ¿Qué está sucediendo?

R: Estoy en mi casa con niños y vienen por mí.

A: ¿Esos niños son tuyos?

R: Creo que sí. Hay uno y un bebé también. Vienen por mí. Mi casa está lejos y me llevan. Mis niños lloran —relató con tristeza.

A: ¿Quién viene por ti?

R: Gente. Hombres.

A: Y, ¿a qué se debe que vengan por ti?

R: Me regañan. Me dicen que estoy haciendo cosas malas.

¿A caso esta escena no se parece al evento que vivió con su maestra en la escuela cuando era niña?

A: ¿Qué cosas malas dicen que estás haciendo?

R: Que hablo con la luna.

A: Y, cuando hablas con la luna, ¿de qué hablas?

R: Me gusta hablar con la luna. Me dice qué debo hacer. Cuándo sembrar, cuándo tener los bebés.

A: Y, en cuanto a esos bebés, ¿podrías ver al más grandecito? Míralo a los ojos. ¿Has visto esos ojos antes?

R: Luis —contestó refiriéndose a su hijo en su vida actual.

A: Mira al otro bebé. Mira sus ojos. ¿Los has visto antes?

R: No.

A: Entonces, los hombres vienen por ti y te llevan. ¿Qué cosas te dicen?

R: Me dicen loca. Me dicen que no sé nada. Me empujan y me llevan a esa casa.

A: ¿Qué sientes cuando te empujan y te tratan así?

R: Humillada. Siento pena por mis hijos porque se quedaron solos. Me duele el estómago.

A: ¿A qué se debe ese dolor en el estómago?

R: A la angustia de dejarlos solos, sin saber qué les va a pasar.

A: ¡Eso es! Siente más esa angustia en el estómago. ¿Qué más sucede?

R: Solo me llevan allá a encerrarme —dijo.

A: Ahora estás en la cueva. Adelántate un poco más hasta que te sacan. Tres, dos uno. Ya estás ahí.

R: Me llevan a ese sitio donde hay mucha gente.

A: ¿Qué es lo que dice o hace esta gente?

R: Me empujan y me dicen loca.

A: Y, ¿cómo te sientes cuando te dicen así?

R: Me siento humillada. Siento miedo.

Esto era exactamente lo que había sentido cuando la maestra la envió al pizarrón y la miró feo.

A: ¡Eso es! Siente esa humillación y ese miedo. ¿Dónde los sientes?

R: En mi espalda y en mi pecho. No puedo mover mis manos. Están amarradas.

A: Continúa.

R: Ellos me miran molestos. Tengo miedo. Siento que yo no he hecho nada malo y ni siquiera sé de lo que hablan —dijo entre lágrimas—. Es como si me acusaran de cosas que yo no he hecho.

A: Y, hasta aquí, ¿cuál dirías que es el momento más difícil de esta experiencia?

R: La separación de mis hijos.

A: Voy a contar del tres al uno y vas a regresar al momento en que te separas de ellos. Permítete que tu cuerpo sienta y haga todo lo que tenga que hacer para revivir esto más profundamente. Tres, dos, uno. Ya estás ahí. ¿Qué está sucediendo?

R: ¡No los puedo dejar! ¡Se van a morir! —exclamó rompiendo en llanto.

A: Y, mientras sucede esto, ¿cuáles son tus reacciones físicas?

R: Siento mucho dolor en mi pecho y en mi estómago.

A: Y, mientras sientes ese dolor en el pecho y estómago, ¿cuáles son tus reacciones emocionales?

R: Se quedan llorando —dijo sin responder la pregunta.

A: Y, ¿cuáles son tus reacciones mentales, mientras sientes que se quedan llorando y sientes ese dolor en el pecho y estómago?

R: No sé qué les va a pasar.

A: Y, todas estas sensaciones que me cuentas ¿cómo afectan tu vida como Rachel? ¿Qué te hacen hacer?

R: Seguir manteniéndolos —respondió refiriéndose a su hijo en la vida actual.

A: ¿Esto qué te impide hacer?

R: Mi vida —dijo llorando—. Siento que no los puedo dejar.

A: Ahora, quiero que te adelantes nuevamente al momento en que te encuentras en esa tarima con las manos atadas y la gente te está diciendo cosas. Tres, dos, uno. Ya estás ahí. ¿Qué está ocurriendo?

R: Me gritan y me tiran cosas —relata llorando profundamente—. Yo siento que ellos no entienden mi dolor, que son muy crueles.

A: Mientras eso sucede, ¿cuáles son tus reacciones físicas?

R: Siento dolor de estómago y mucho miedo.

A: ¿Cuáles son tus reacciones emocionales?

R: Tiemblo mucho —me dijo con dificultad para respirar.

A: Y, ¿cuáles son tus reacciones mentales?

R: ¡No me quiero morir! ¿Quién va a cuidar de mis hijos?

A: Adelántate al momento en que acaba esta experiencia. Tres, dos, uno. Dime qué está pasando ahora.

R: Miro mi cuerpo quemado.

A: Antes de eso. Ve al instante en que prenden el fuego. Es importante llevarlos a la experiencia de la muerte para que tomen conciencia de que el cuerpo murió y así acabar con los síntomas.

A: ¿Qué está sucediendo?

R: Alguien grita ¡Que se queme en los infiernos! ¡Que se muera! ¡No queremos verla! ¡Que prendan la hoguera!

A: Avísame en el momento en que estén prendiendo la hoguera.

R: La están prendiendo.

A: Voy a contar del tres al uno, cuando llegue al uno vas a sentir más intensamente el fuego tocando tu cuerpo. Tres, dos, uno. Permite que tu cuerpo sienta todo lo que tiene que sentir. ¿Qué está sucediendo?

R: Siento un calor infernal. Me duele.

En este punto comencé a hacer las preguntas necesarias para que Rachel tomara conciencia de lo que experimentó cada parte de su cuerpo, haciendo preguntas sobre qué sentía, comenzando por los pies, para así acabar con el atrapamiento. Llegó a un momento en que me dijo que ya no sentía nada.

Cuando le pregunté por lo que sentía en la garganta, me dijo que tenía una soga amarrada al cuello, haciendo que la garganta se sintiera cerrada. Esto explicaría la sensación del nudo en la garganta a la que hizo referencia durante la entrevista. Cuando le pregunté por los ojos, me dijo que los tenía reventados.

Ahora tenía que ayudar a su alma a completar todo aquello que había quedado pendiente y que había ocasionado el atrapamiento de su alma en esa experiencia.

A: Ahora, quiero que le hables a esa gente que te ha quemado. Diles lo que les quieras decir.

R: Son ignorantes. No saben nada. Ustedes no saben nada. No saben del dolor de las personas.

A: Quiero que les pidas la energía que te robaron cuando quemaron tu cuerpo.

R: Devuélvanme la energía que me robaron. Es mi energía y la quiero ahora. Me pertenece y la quiero ahora.

A: Ahora, extiende tu mano y recibe esa energía. También la energía de ese cuerpo que murió. Recíbela y llévala a tu corazón. Intégrala nuevamente sintiéndote completa.

Solo nos faltaba un paso más, despedirse de sus niños. Esto estaba relacionado a la angustia que ella sentía.

A: Ahora háblales a esos niños que te obligaron a dejar.

R: Perdónenme —les dijo rompiendo el llanto—. No fue mi culpa, hijos míos. Yo no quería abandonarlos, hijos bellos. Yo no quería dejarlos.

A: Diles que tienes que alejarte de ellos por un tiempo, pero que desde la luz los vas a cuidar.

R: Me tengo que ir, pero voy a estar cuidándolos. ¡Los amo! —expresó llorando ahora más profundamente.

Al salir del trance y evaluar esa vida pasada, Rachel llevó a su espíritu a la luz, finalizando con esa experiencia para siempre. Habíamos encontrado el origen de los síntomas que había traído a la sesión. La ansiedad (relacionada a dejar a sus hijos), el miedo a hablar en público (debido a que fue quemada y humillada en público), la alergia en los ojos (posiblemente por los ojos reventados por el fuego) y el nudo en la garganta (relacionado a la soga que tenía en el cuello).

El espíritu no entiende de tiempo. A pesar de que Rachel era tan solo una niña cuando tuvo la experiencia con su maestra frente a sus compañeros, su espíritu recordó lo que había experimentado en esa vida en la que murió quemada viva. Al estar atrapada en esa experiencia, para su alma, eso aún estaba sucediendo.

Entonces, ¿podríamos decir que Rachel nació con esos síntomas? Me atrevería a decir que no. Lo que ocurrió, al igual que ocurre con cualquier trauma, es que el evento con la maestra despertó el recuerdo de esa vida. Al estar ella parada frente a sus compañeros, mientras su maestra le pedía que hiciera algo mirándola feo, su alma activó los mismos síntomas de esa vida pasada.

La niña en el autobús

Durante una de las formaciones de Introspective Hypnosis que dicté en línea, noté que Victoria, de nacionalidad rusa, mostraba facilidad para entrar en un trance profundo mientras realizábamos algunos ejercicios de hipnosis. El último día, que estuvo dedicado a que los participantes faciliten sesiones de hipnosis como terapeutas y como clientes, presencié cómo Victoria fue a una vida pasada en la que había tenido una muerte traumática. La agonía del cuerpo fue difícil y, por ese motivo, decidí tomar el control de la sesión para ayudarla.

A pesar de haber logrado mucho en esa sesión, sentí que Victoria aún tenía que trabajar algo más. Es así que le ofrecí una sesión de Introspective Hypnosis sin costo alguno para ayudarla a terminar los asuntos pendientes que su alma tenía.

Durante la entrevista, Victoria mencionó que, por lo general, tenía ira, se irritaba fácilmente, sufría de problemas digestivos y que no soportaba los ruidos. Ella vivía en el campo. Su casa estaba algo alejada de sus vecinos, pero solo escuchar el motor del tractor a la distancia le desesperaba. Me comentó que, en una ocasión, había intentado vivir en la cuidad, pero que le fue imposible. No toleraba el ruido de la calle. Hubo ocasiones en las que acabó de rodillas en el suelo llorando, mientras se tapaba los oídos porque no aguantaba la bulla del ambiente.

A continuación, comparto el diálogo de su sesión ya estando en trance:

Antonio: Contaré del cinco al uno y, mientras lo hago, buscarás un recuerdo triste. Cuando llegue a uno estarás ahí. Cinco, cuatro, tres, dos, uno. Ya estás ahí —dije y, rápidamente, comencé a ver cómo su rostro cambiaba de expresión. Le pedí que hiciera contacto con esa emoción.

Victoria: Tengo náuseas.

A: Y, mientras sientes esas náuseas, ¿dónde estás?

V: Estoy en el autobús con mi mamá —contestó con gestos de sentir molestia.

A: Muy bien. ¿Cuántos años tienes ahí?

V: Cinco.

A: ¿Cuál es tu nombre ahí? —pregunté tratando de averiguar si se trataba de un recuerdo de esa vida o de una pasada.

V: Victoria —respondió respirando un poco más rápido.

A: ¿Por qué te estás sintiendo mareada?

V: Oh, por el olor a humo y combustible. El camino está arriba en las montañas —dijo haciendo referencia a los malestares de altura—. ¡Oh, Dios! Es horrible. Me siento enferma del estómago. Están deteniendo el autobús por mí. Voy a bajar y vomitar.

A: Muy bien. Ahora quiero que vayas al primer momento en el que te sentiste igual. Permite que tu cuerpo sienta todo. Tres, dos, uno. ¿Cómo comienza esto? ¿Qué está pasando? ¿Qué es lo primero que sientes?

V: Oh, siento mi estómago...

A: Mientras sientes eso en tu estómago, ¿qué es lo que escuchas a tu alrededor?

V: Gente gritando, atacando sobre sus caballos —describió con expresión de horror.

A: ¿Por qué grita la gente?

V: Porque están atacando a caballo. Hay gente a caballo.

Victoria ya se encontraba en una vida pasada. Había ido a la raíz del mismo malestar que sintió en el autobús de niña.

A: ¿Qué más está sucediendo?

V: Es un campo de batalla.

A: Mira tus pies. ¿Qué estás usando?

V: Botas altas.

A: ¿El cuerpo es de hombre o de mujer?

V: Hombre.

A: ¿Joven o mayor?

V: Joven. Estamos atacando.

A: Y, mientras estás atacando, ¿qué estás sintiendo?

V: La velocidad.

A: Céntrate en tu estómago. ¿Cómo se siente?

V: Con malestar. Estoy sobresaltado. Eso es lo que me hace sentir así.

A: Adelántate un poco. ¿Qué más está sucediendo? Mientras cabalgan y atacan, ¿qué está pasando a tu alrededor?

V: La gente está peleando a y yo también, con sables —relata entre lágrimas y con expresión de horror—. Los caballos...

A: Siente eso más y más. Uno. Hazlo más intenso ahora. Dos. Más intenso aún. Tres. Escucha lo que dicen. ¿Qué es lo que estás escuchando?

En este momento, Victoria rompió en un llanto descontrolado.

V: Es una locura. La gente se está matando los unos a los otros, y los caballos también. ¡Oh, Dios mío!

A: Ahora quiero que huelas.

V: ¡Huelo sangre!

A: Hasta aquí, ¿cuál ha sido el momento más difícil de esta experiencia?

V: El tener que pelear y asesinar. ¿Qué sentido tiene esto?

A: Muy bien. Ahora voy a contar del tres al uno y vas a dirigirte al momento en el que estás matando y estás tratando de hacer sentido de todo esto. Permite que tu cuerpo sienta todo. Tres, dos, uno. Ya estás ahí. Mientras eso está sucediendo, ¿cuáles son tus reacciones físicas?

V: Estoy pasando a través de un grupo de gente a caballo.

A: ¿Qué está sintiendo tu cuerpo?

V: Me siento poderoso e invencible.

A: Y, cuando te sientes poderoso e invencible, ¿cuáles son tus reacciones mentales?

V: No me importa.

A: Y, ¿cómo afecta todo esto a tu vida como Victoria? El que te sientas poderoso, invencible y que no te importe. ¿Qué te hace hacer esto en tu vida como Victoria?

V: Que no me importe nada. Ni mi vida, ni la de los demás.

A: Y, ¿esto qué te hace hacer?

V: Hacer cosas sin sentido. Herirme a mí misma y a otros.

A: Muy bien. Continúa atacando. ¿Qué más estás sintiendo?

V: Oh, creo que alguien me ha golpeado.

A: ¿Dónde?

V: En la cabeza.

A: Voy a contar del tres a uno y, cuando llegue a uno, sentirás ese golpe en la cabeza. Tres, dos, uno. Ya estás ahí. ¿Qué estás sintiendo en la cabeza?

V: Dolor —responde quejándose.

A: ¿Qué está sintiendo el cerebro?

V: Todo está oscuro.

A: ¿Qué es lo que estás pensando mientras tu cabeza duele y todo está oscuro?

V: Necesito aire —dice estirando el cuello, como tratando de respirar más profundo.

A: Y, mientras sientes eso, ¿qué está sintiendo tu garganta?

V: Siento como que quiero vomitar.

A: Y, ¿qué están sintiendo tus pulmones? ¿Cómo se sienten?

V: Están bloqueados.

A: Muévete al momento en el que sales del cuerpo, entendiendo que, con la muerte de ese cuerpo esa experiencia ha terminado para siempre y nada de esto te volverá a afectar. Tres, dos uno. Fuera del cuerpo. Mira ese cuerpo abajo. Haciendo un resumen de esa vida, ¿qué piensas que debías aprender?

V: No tenía significado. No tenía sentido.

A: ¿Aprendiste esa lección?

V: No.

A: Si no has aprendido esa lección y sabiendo que vas a regresar como Victoria, ¿qué consejo tienes para ella? Tú sabes lo que está pasando en su vida.

V: Nunca hieras o dañes solo por el hecho de que puedes hacerlo.

Fue así como Victoria había podido encontrar el origen de los síntomas que había estado experimentando. Aquello que sintió de niña mientras estaba en el autobús despertó el recuerdo que su alma tenía sobre la vida del soldado que murió en batalla, sintiendo la velocidad mientras cabalgaba, mientras escuchaba los gritos a su alrededor y olía la sangre de los heridos.

Su alma se hallaba atrapada en esa vida, donde no había podido procesar por completo la experiencia de su muerte por un golpe en la cabeza. Fallecer pensando y sintiendo que nada de eso tenía sentido, causaba en Victoria el malestar de estómago, la intolerancia a los ruidos y la ira porque, para su alma, todo esto aún estaba sucediendo.

Ayudar a su alma a tomar conciencia de sus reacciones físicas, emocionales y mentales en ese evento, al igual que permitirle que lo reviva nuevamente, le facilitó acabar con ese atrapamiento.

Unos días más tarde pude contactarme con Victoria nuevamente y, en esa oportunidad, me dijo que sus síntomas habían desaparecido por completo.

Atrapamiento post mortem

Como su nombre lo dice, este es el tipo de atrapamiento que se da una vez que el alma se ha desprendido del cuerpo. Recordemos que lo que muere es solo el cuerpo, porque, para el alma, la vida continúa. Puede seguir procesando todo lo que está ocurriendo y tomar decisiones basadas en ello, ejerciendo su libre albedrío.

Si vemos la muerte desde el punto de vista de la espiritualidad, es en ese momento en el que ponemos en riesgo toda nuestra reencarnación. No dejar la vida que acaba de finalizar correctamente o no aceptar lo que acaba de suscitar, nos puede llevar a un estado de confusión. Dependiendo del tipo de fallecimiento y del estado emocional en que este ocurrió, el alma puede experimentar un momento de oscuridad y confusión que termine haciendo que pierda el camino a la luz o que, por lo menos, sea más difícil encontrarlo por la oscuridad en que se encuentra sumida. En mi libro "Guiando a las almas perdidas", hablo mucho sobre este tipo de atrapamiento, pues es muy común que este haga que el alma se sienta perdida y no vuelva a la fuente.

Cuando el alma sale del cuerpo y aún no va a la luz, esta mantiene su ego, personalidad, creencias, miedos y fobias. Es decir, es la misma persona, pero sin cuerpo. Las decisiones que se puedan tomar, por lo general, provienen de su ego, creencias y poco entendimiento sobre lo que está sucediendo o lo que acaba de suceder. Es por todo esto que el alma puede tomar decisiones que, sin darse cuenta, le afectarán en las siguientes encarnaciones.

Entonces, ¿qué es lo que puede hacer que el alma se quede atrapada luego de morir? Los motivos son variados, pero antes es importante que conozcamos los tipos de atrapamiento post mortem:

- **Atrapamiento inconsciente:** Este es el tipo de atrapamiento en el que el cuerpo no está consciente a la hora de morir. Por lo general, ocurre cuando la vida acaba de un momento a otro sin que el alma siquiera se pueda dar cuenta. Los tipos de muertes en estas condiciones pueden ser:
  - Por sobredosis
  - En estado de coma
  - Bajo los efectos de anestesia
  - Por inhalación de humo o gas
  - Ataque al corazón
  - Accidentes trágicos
  - Homicidios

- **Atrapamiento consciente:** En este atrapamiento, tras la muerte del cuerpo, el alma toma la decisión de quedarse en este plano y no ir a la luz. Los casos más comunes son:
  - Padres que se quedan a cuidar a sus hijos.
  - Parejas que deciden quedarse para cuidar al ser amado.
  - Aquellos que se quedan para vengarse del enemigo.
  - Los que se quedan apegados a sus bienes materiales.
  - Los que sienten que murieron antes de tiempo.
  - Los que sienten que no pudieron completar sus proyectos.

- **Suicidas:** Dentro del atrapamiento post mortem, también podríamos incluir a los suicidas. Este caso es un poco distinto a los anteriores, pues no lo considero un atrapamiento consciente o inconsciente. He decidido incluirlo dentro de este grupo porque las acciones del suicida, inclusive antes de su muerte, desencadenan en lo mismo.

En el caso de los suicidas, es el estado emocional en el que se hallan el que no les permite ver la realidad de lo que está pasando. Es como si estuvieran en otro plano, mientras se encuentran sumidos en la tristeza y depresión. Es más, lo que muchos espíritus de suicidas han reportado es su desesperación al darse cuenta que la muerte del cuerpo no solucionó nada, que, en realidad, todo lo que sentían antes de suicidarse continuó después de hacerlo. Esto ocurre porque, quien está experimentando este momento de oscuridad no es el cuerpo, sino el alma. Es el alma quien decide dejar de vivir.

Al estar sumidos en su propia oscuridad, los suicidas pueden no lograr ver la luz después de la muerte del cuerpo. Es por eso que digo que este no es un atrapamiento inconsciente o consciente. Desde mi punto de vista, podríamos decir que el suicida ya estaba atrapado en esa oscuridad, en su propia realidad, inclusive antes de quitarse la vida.

Cuando un espíritu suicida reencarna, retoma todas las lecciones que le habían quedado pendientes. En los casos que me ha tocado escuchar en sesión, he notado que la vida de un alma que se suicidó en una vida pasada puede ser complicada desde temprana edad, como si tuvieran un trabajo adicional que hacer como consecuencia de haberse quitado la vida.

A continuación, comparto fragmentos de "El libro de los espíritus" de Allan Kardec, donde los espíritus comentan sobre el suicidio:

943. ¿A qué se debe ese disgusto por la vida que se apodera de ciertos individuos sin que tengan para ello motivos valederos?

- Efecto de la ociosidad, de la falta de fe y, con frecuencia, de la saciedad. Para aquel que ejerce sus facultades con un objetivo útil y conforme a sus naturales aptitudes, el trabajo no tiene nada de árido y la vida pasa con mayor rapidez.

Soporta sus vicisitudes con tanta más paciencia y resignación cuanto que obra con miras a la felicidad más firme y duradera que aguarda."

944. *¿Tiene el hombre el derecho de disponer de su propia vida?*

- No: tan sólo a Dios cabe el derecho de disponer de la vida del hombre. El suicidio voluntario constituye una transgresión a esa ley.

944a. *El suicidio ¿no es siempre voluntario?*

- El loco que se mata no sabe lo que hace.

945. *¿Qué pensar del suicidio que se debe al hastío de la vida?*

- ¡Insensatos! ¿Por qué no trabajaban? Si lo hubieran hecho, la existencia no les habría sido tan pesada....

La joven en el agua

Durante el último día de clase del curso de Introspective Hypnosis en enero del 2021, Tina, quien se había ofrecido como voluntaria para la sesión de demostración, me comentó que el libro "Muchas vidas, muchos maestros" de Brian Weiss, fue uno de los que más significado había tenido para ella. "Yo soy Catherine", me dijo, haciendo referencia a la paciente a la que trató el doctor Weiss y cuyo caso había quedado impreso en su obra.

A lo que Tina se refería era a la cantidad de síntomas inexplicables que, al igual que Catherine en el libro, ella había tenido. Durante nuestra entrevista, me contó acerca de los padecimientos que había experimentado a lo largo de su vida. Fue diagnosticada con epilepsia cuando era niña. También sufría episodios de sofocación y le era casi imposible tragar. Debido a eso, no podía tomar sus medicinas y evitaba ir a restaurantes porque no podía pasar los alimentos. Todo esto le causaba ataques de pánico, los cuales le impedían llevar una vida normal. Además, convivía con un problema para respirar que le hacía sentir ansiedad.

A penas entró en estado de trance hipnótico, ya podía ver lágrimas corriendo por sus mejillas. Tina visitó un recuerdo triste donde había tenido miedo y del que sentía que tenía que escapar. Me comentó sobre la falta de aire que comenzó a sentir mientras lloraba desconsoladamente.

Decidí utilizar esta emoción para encontrar el origen de la falta de aire, de no poder respirar al enfrentar este tipo de situaciones.

Antonio: Siente que tienes que huir, que no puedes respirar, que no sabes qué hacer. Voy a contar del tres al uno y quiero que tu alma se dirija a una escena en donde se haya sentido igual, al momento en el que todo esto empezó. Tres, dos, uno. Ya estás ahí. Si supieras, aunque pienses que te los estás imaginando, ¿cómo comienza esto para tu alma? ¿Dónde estás?

Tina: Soy una niña pequeña. Tengo convulsiones y, de pronto, dejo de respirar. Siento que voy a morir —relató mientras lloraba profundamente.

A: ¿Cuál es tu nombre ahí? ¿Tina?

T: Sí.

A: Y, ¿cómo se siente cuando tienes estas convulsiones? ¿Qué está sintiendo tu cuerpo?

T: Es como si me congelara completamente.

A: Y, cuando te congelas, ¿qué sienten tus pulmones?

T: Están cerrados, totalmente cerrados. ¡No puedo respirar! ¡No puedo! —dijo rompiendo en llanto.

A: Siente eso. Siente tu cuerpo congelarse y tus pulmones no pudiendo respirar. Voy a contar del tres al uno y quiero que vayas atrás y más atrás, al momento en el que comenzó esto de no poder respirar. Inclusive antes de esta vida, si es posible. Tres, dos, uno. Ya estás ahí.

T: ¡Estoy en el agua! —vociferó agitada, llorando y con dificultad para respirar—. Estoy sola. Me acabo de caer del bote.

A: ¡Eso es! Siente eso. En ese lugar, ¿tienes cuerpo de hombre o de mujer?

T: De mujer. ¡No sé nadar!

A: Continúa. ¿Qué más sucede?

T: Nada. ¡Voy a morir, voy a morir!

A: Deja que ese cuerpo muera.

T: Trato de quedarme en la superficie, pero me es imposible. El cuerpo de

Tina empezó a contraerse mientras experimentaba la muerte de aquel cuerpo en una vida pasada, en la que se estaba ahogando.

T: ¡Ya no puedo más! ¡Estoy tan cansada!

A: Solo déjate ir. Ahora, voy a contar del tres al uno y quiero que vayas al momento en el que esto realmente inició. Al instante previo a caer de ese bote. Tres, dos, uno. Ya estás ahí. ¿Qué está pasando?

T: Estoy en el bote. Tengo un hermoso vestido largo color blanco. Soy rubia.

A: ¿Quién está contigo? ¿Hay alguien contigo?

T: Sí, hay un hombre conmigo. Siento como si fuese mi esposo.

A: Muy bien, continúa. ¿Qué más sucede?

T: Estamos en la cubierta discutiendo. Puedo sentir que no soy feliz. Estoy ansiosa y tengo miedo.

A: ¿Qué más está ocurriendo? Continúa un poco más.

T: No sé, pero me estoy diciendo a mí misma que quiero terminar esto. Tengo la oportunidad de terminar con esto definitivamente —contó rompiendo en llanto nuevamente.

A: Continúa, ¿qué más sucede?

T: Parece una locura, pero salto. ¡Yo salto!

A: Y, hasta aquí, ¿cuál ha sido el momento más difícil de esta experiencia?

T: Pensé que iba a saltar para salvarme —dijo con lágrimas en los ojos, refiriéndose al hombre con el que estaba en el bote.

A: Y, mientras pensabas que iba a saltar a salvarte, ¿cuáles son tus reacciones físicas en ese momento?

T: Siento frío. Hace frío.

A: Y, mientras sientes ese frío, ¿cuáles son tus reacciones emocionales?

T: Me siento tan sola.

A: Y, mientras te estás sintiendo sola, ¿cuáles son tus reacciones mentales?

T: Que yo no valía la pena. Es mejor si me muero.

A: Ahora, quiero que veas cómo todo esto está afectando tu vida como

Tina. Cuando tienes frío, te sientes sola y piensas que no vales la pena, ¿qué te hace hacer en tu vida como Tina?

T: Siempre me hace sentir que no valgo la pena.

A: ¿Eso qué te impide hacer?

T: No me muestro como soy. Tengo tanto dentro de mí y no se lo muestro a la gente. Siempre me estoy escondiendo.

A: Ahora, voy a contar del tres al uno. Cuando llegue a uno, quiero que le permitas a tu cuerpo que sienta todo lo que tenga que sentir para completar esta experiencia para siempre. Ahora, vas a sentir que te ahogas. Tres, dos, uno. Comienzas a ahogarte ahora.

Fue así como empecé a hacer las preguntas necesarias para que Tina, en la vida de esa joven que se estaba ahogando, tomara conciencia de la muerte de ese cuerpo. Le pregunté lo que sentía cada parte de su cuerpo y cada órgano, mientras moría.

A: ¿Qué están sintiendo las piernas?

T: Mis piernas aún están luchando.

A: ¿Qué están sintiendo tus pulmones?

T: Mis pulmones están llenos de agua ya.

A: Y, mientras los pulmones están llenos de agua, siente la garganta. ¿Qué está sintiendo la garganta?

T: Está cerrada —respondió llorando y con dificultad para respirar— ¡No puedo respirar! ¡No puedo respirar!

A: ¿Qué siente el cerebro mientras no está recibiendo oxígeno?

T: Mi cerebro se está apagando.

A: ¿Cuál es el último pensamiento que tienes en ese cerebro?

T: Qué desperdicio. Mi vida fue un desperdicio. He desperdiciado mi vida.

A: Una vez que estés lista, deja ese cuerpo morir y abandona ese cuerpo. Entiende que, con la muerte de ese cuerpo, esa experiencia acabó para siempre y nada te va a afectar ya. Ahora, quiero que le hables a ese hombre. ¿Qué le quieres decir?

T: No era tu responsabilidad hacerme feliz. No me amaste, pero está bien. No es tan trágico.

A: Si hicieras un resumen de esa vida que acaba de terminar, ¿piensas que debías aprender?

T: Necesitaba aprender que no puedo pretender que alguien me salve, que necesito sentir el valor de la vida por mí misma. Nadie lo puede hacer por mí y no necesito que alguien me lo diga.Luego, le dije que debía expulsar el agua de sus pulmones. Le pedí que se pusiera de lado y que vomitara toda esa agua que había tragado mientras se ahogaba. Ese vómito era, en realidad, un vómito energético por la impronta muerte que tuvo. La mujer también pudo perdonarse a sí misma por haber acabado con su vida de esa manera.

Cuando terminamos la sesión y salió del trance hipnótico, lo primero que dijo fue que sentía sus pulmones abiertos. "No lo puedo explicar. Es tan diferente", me dijo. Tina estaba sonriente y se sentía muy bien.

Habíamos podido encontrar el origen de la sensación de sofocamiento y de quedarse congelada, de no poder tragar, de los ataques de pánico y de la ansiedad. Su alma se había quedado atrapada en ese evento, el cual aún estaba sucediendo para ella, ocasionándole así todos esos síntomas.

Al día siguiente de la sesión, Tina me envió un emotivo correo electrónico contándome lo que había sentido ese mismo día después de la sesión. Ella había ido a la cocina buscando algo de comer y se dio cuenta que podía tragar sin problemas. Se dio cuenta también que sus músculos se habían relajado y que podía respirar normalmente. Podía sentir el oxígeno entrando en sus pulmones sin ningún problema.

Unos meses más tarde, en mayo del 2021, cuando la contacté para pedirle su autorización para utilizar su nombre real en este caso, ella no solo accedió muy amablemente, sino que me dio una actualización sobre lo que experimentó tras la sesión. Esto fue lo que me escribió:

Voy a aprovechar esta oportunidad para ponerles al día de mis progresos. Ya sentí un alivio instantáneo después de la sesión. Sentí como si mi garganta se abriera, como si los músculos estuvieran antes constantemente contraídos. Siento que mi garganta es más amplia ahora. Tragar trozos de comida más grandes ya no es una pesadilla. Antes solo me sentía 100% cómoda con sopas cremosas y plátanos. Suena bastante horrible, lo sé.

La respiración también está mucho mejor. Pero aquí viene un efecto secundario aún mejor. Dado que la respiración es la vida, el hecho de que yo respire más relajadamente significa también vivir de forma más relajada y abierta. El nivel de alegría aumentó mucho. La vida tiene menos limitaciones si no te asfixias constantemente. Menos miedo. Y por sofocar me refiero a todos los niveles. Así que ahora siento que estoy explorando una nueva forma de ser y de relacionarme con el mundo. Más sincera, más fluida, más abierta. Es un proceso más largo, lo sé, pero muy emocionante.

Atrapamiento en el vientre

El tiempo que pasamos en el vientre materno y todo lo que experimentamos ahí, influirá tremendamente en nuestra vida después del nacimiento. Son muchas las técnicas que no toman en consideración esta etapa de nuestras vidas, pero, desde mi punto de vista, el trabajo terapéutico no estaría completo si no se le presta atención ya que es necesario conocer todo lo que nuestra madre estaba experimentando en ese momento para entender cómo eso que ella sintió nos afectó a nosotros y, lo más importante aún, cómo eso nos puede estar afectando aún.

Primero, empecemos por comprender que nuestra madre tiene su propio campo vibratorio y nosotros el nuestro, incluso estando en su vientre. El reto para el alma que habita el feto radica en que, durante ese tiempo, sentirá tolo lo que la madre experimente a nivel físico, emocional y mental, como si fuese suyo. No podrá diferenciar cuál sensación es suya y cuál le pertenece a su progenitora. Al nacer, se olvidará de todo eso, pero ya se encontrará grabado en el subconsciente como si fuese una experiencia suya. Se podría decir, en cierto modo, que nuestra mente está programada por todo aquello que vivimos en el vientre.

Para comenzar, repasemos todo lo que ella puede traer como espíritu encardado:

- Lecciones a aprender
- Traumas
- Atrapamientos
- El karma con otros

- La sociedad en la que decidió reencarnar
- Miedos

Entre otras cosas, mientras está embarazada, la madre puede experimentar:

- La muerte de un ser querido
- El abandono de su pareja
- Problemas en su entorno familiar
- Abandono

Y eso no es todo. El alma dentro del bebé en el vientre tiene una especie de comunicación telepática con su madre y puede saber todo lo que está pensando y sintiendo. No solo sabe lo que está sucediendo con ella, sino también con su entorno más cercano. ¿Cómo es esto posible? Varios de los que regresaron al tiempo en el vientre han reportado que no se quedaban dentro del cuerpo del bebé todo el tiempo, sino que su alma salía y entraba mientras terminaba de integrarse con el cuerpo del bebé.

Entonces, ¿qué podría estar pensando la madre durante el embarazo? Veamos algunos ejemplos que he podido ver en sesión:

- "Este embarazo es un error".
- "Es mejor abortar, pues aún no estoy lista".
- "Por estar embarazada mis padres me rechazan".
- "Por salir embarazada me ha dejado mi pareja".
- "Dios, por favor, concédeme una niña" —cuando el espíritu sabe que va a ser niño—.

Hay muchos otros pensamientos que podría tener una madre embarazada, pero pensemos por un momento cómo, en estos casos, podría salir perjudicado el bebé. ¿Qué es lo que podría estar sintiendo o pensando?

- "Soy un error y no debería estar aquí".
- "Por mi culpa mi mamá la está pasando mal con mis abuelos".
- "Por mi culpa mi papá dejó a mi mamá".
- "Solo le estoy causando sufrimiento".

- "Sé que voy a ser niño y voy a defraudar a mamá. Cuando nazca, haré todo lo posible para compensarla".
- "Mejor ni me muevo para que no se den cuenta que estoy aquí porque me pueden matar (abortar)".

Esto nos debe dar una idea acerca de cómo el alma del bebé podría estar procesando la información que va recibiendo. No solo la procesará, sino que esta influirá una vez que nazca. Por ejemplo, al saber que la madre piensa que no debería estar ahí, podría tener problemas de autoestima o hasta tomar una actitud de invisibilidad para evitar problemas y confrontaciones, sin expresar lo que siente y lo que piensa porque no se siente con derecho de hacerlo.

Si la madre está sufriendo porque su pareja la abandonó o, quizás, porque no tiene otra opción más que quedarse con una pareja abusiva porque no va a poder mantener a su bebé ella sola, lo más seguro es que, después del nacimiento y durante el resto de su vida, ese hijo o hija opte por una actitud complaciente con su madre. Muchas personas, incluso, sienten que tienen el deber de librarla de toda situación difícil a costa de su tranquilidad o felicidad, sin siquiera ser conscientes de su actitud.

Si el padre dijo "no sé qué haría si no es una niña" y el alma sabe que nacerá hombre, puede que también adopte un comportamiento similar con el padre, sintiendo que tiene que compensarlo porque nació niño, cuando él quería una niña. Es más, puede que hasta el alma sienta la necesidad de cambiar su orientación sexual para ser la niña que tanto deseaba su progenitor.

Aquellos que sintieron la amenaza de ser abortados quizás busquen evitar confrontaciones o discusiones y traten de pasar siempre desapercibidos en la vida, sin poder expresar sus ideas, deseos o sentimientos. En su mente, el programa "si se dan cuenta que estoy aquí, me matan" está siempre presente en el subconsciente, pues esto es lo que ellos experimentaron y sin poder darse cuenta que estas emociones no les pertenecen a ellos.

Para acabar con el atrapamiento del alma en el vientre, se debe ayudar al alma a revivir la experiencia, a que tome consciencia de todo lo que sucedió ahí y de cómo eso le está afectando en su vida presente. El siguiente paso consiste en buscar desconectar esas emociones, pensamientos o programaciones que en realidad le pertenecen a la madre.

Emma en el vientre de mamá

Cuando le pregunté qué era lo que necesitaba sanar su alma ese día, Emma, una joven sudafricana, respondió "el molestarme cuando no soy escuchada, el tener que pelear por mi verdad". También mencionó que siempre había sentido la necesidad de proteger a su madre y de buscar amor y aprobación de su padre.

Ya en trance hipnótico y, mientras explorábamos lo que sentía cuando no era escuchada y tenía que pelear por su verdad, Emma regresó a un recuerdo no muy lejano en el que su empleador la estaba acusando de algo que no había hecho.

Emma: Él está levantando la voz y me dice que ha sido mi culpa y yo le digo que no lo ha sido.

Antonio: Y, en este momento en el que te está levantando la voz diciendo que es tu culpa, ¿qué estás sintiendo?

E: Ira y frustración.

A: Eso es. Siente esa ira y esa frustración con más intensidad. ¿En qué parte del cuerpo sientes esa ira y frustración?

E: En mis intestinos.

A: Muy bien, experimenta eso en tus intestinos. Y, ¿esa sensación a qué es similar? ¿Como si qué estuviese pasándole a tus intestinos?

E: Culpa y falta de confianza.

A: Y, ¿esto se siente como qué?

E: Como ser golpeada.

A: Voy a contar del tres al uno y quiero que vayas a otro momento en el que te hayas sentido de la misma manera, acusada y con esa sensación en tus intestinos como si te estuviesen golpeando. Tres, dos, uno. Ya estás ahí. Si supieras, aunque pienses que te lo estás imaginando, ¿dónde estás ahora?

E: En casa, en el patio trasero con mi papá.

A: ¿Qué está sucediendo?

E: Nos dice a mi hermano y a mí que hemos roto algo, pero no lo hemos hecho.

A: ¿Qué edad tienes?

E: Nueve.

A: Muy bien, continúa. Repite lo que te está diciendo.

E: Él dice "yo sé que ustedes han roto esto y tu madre no está aquí". Toma un rastrillo y nos golpea a los dos en las piernas con él.

A: ¿Qué sientes cuando tu padre te está acusando de haber roto eso?

E: Herida.

A: ¿Dónde sientes eso en tu cuerpo?

E: En mi corazón.

A: Muy bien, voy a contar del tres a uno y quiero que vayas a la primera vez que experimentaste eso en tu corazón y en tus intestinos. Tres, dos, uno. Ya estás ahí. Como si supieras, ¿qué está pasando ahora?

E: Estoy en la casa de mis tíos y estamos jugando. Quiero quedarme, pero mi papá dice que no puedo así que me escapo. Cuando regreso, él me pega con algo de plástico.

A: ¿Qué edad tienes ahí?

E: Siete.

A: Muy bien, ¿qué es lo que te está diciendo tu padre mientras te golpea con ese plástico?

E: "Te dije que no te fueras".

A: Ahora voy a contar del tres al uno y quiero que vayas al inicio de todo esto entre tu alma y la de tu padre. Ve hacia atrás, quizás hasta antes de que nacieras. Tres, dos uno. Ya estás ahí. Si supieras, aunque pienses que lo estás imaginando, ¿cómo comienza esto entre tu padre y tú?

E: No lo sé.

A: Y, si lo supieras, imagina incluso antes de que nacieras.

E: Él quería un niño y tuvo una niña.

A: Eso es, muy bien. Ahora quiero que vayas al tiempo en el vientre de tu madre mientras cuento del tres al uno. Tres, dos, uno. Ya estás ahí. Lo puedes sentir o lo puedes imaginar. En este momento te encuentras en el vientre materno y estás conectada a ella. Puedes sentir lo que ella siente, pensar lo que ella piensa. ¿Qué está sintiendo tu madre mientras estás en su vientre?

E: Amor y protección.

A: ¿Qué está pasando con ella o a su alrededor?

E: Su hermana está viviendo con ella y mi padre la empuja por las escaleras.

A: ¿A quién empuja? ¿A tu mamá?

E: Sí —respondió con lágrimas en los ojos.

A: Voy a contar del tres al uno y quiero que repitas las primeras palabras que salen de tu padre antes de empujar a tu madre por las escaleras. Tres, dos uno. ¿Qué está diciendo tu padre?

E: ¡Te odio!

A: Y, mientras tu padre dice eso, ¿qué sientes tú?

E: Me siento no amada —dijo llorando.

A: Ahora quiero que te adelantes al momento en que tu madre rueda por las escaleras, permitiendo que tu cuerpo sienta todo lo que necesita sentir. Tres, dos, uno. ¿Qué es lo que sientes mientras ruedas por las escaleras con tu madre?

E: Estoy rebotando con la esperanza de que mi mamá esté bien.

A: Y, ¿eso cómo te hace sentir?

E: Solo quiero que ella esté bien.

A: ¿Qué le dice tu madre a tu padre mientras está en el piso?

E: Está molesta y le dice "¡¿cómo te atreves a dañarme?!"

A: ¿Cómo te sientes cuando ella dice eso?

E: Quiero protegerla, pero no puedo.

A: Ahora adelántate hasta otro evento significativo durante el tiempo en el vientre de tu madre. Tres, dos, uno. Ya estás ahí. ¿Qué está ocurriendo?

E: Me siento segura porque mi madre está sola.

A: Ahora adelántate a otro suceso importante en el vientre de tu madre. Tres, dos, uno.

E: Me estoy preguntando si soy una carga y si no soy deseada.

A: ¿Qué es lo que te hace decir eso?

E: Ella me dijo que no fui planeada, pero que me ama de todos modos.

A: Y, ¿qué te hace pensar que eres una carga?

E: ¿Por qué mi padre nos empujaría por las escaleras? —preguntó rompiendo en llanto.

A: Quiero que te adelantes un poco más. Tres, dos, uno. Ya estás ahí.

E: Recuerdo cuando quieren elegir mi nombre. Mi madre eligió un nombre terrible —contó riéndose.

A: ¿Tu padre sabe que vas a ser una niña?

E: No, no lo sabe. Él espera un niño.

A: Y, mientras tu padre espera un niño y tú sabes que eres una niña, ¿cómo te hace sentir eso?

E: Me hace querer ser el niño que quiere.

Con esto Emma había encontrado el origen del maltrato por parte de su padre y del siempre salir a proteger a su mamá, buscando constantemente la aprobación y admiración de su padre. Desde el tiempo en el vientre, ella había tomado la decisión de ser ese niño que su padre tanto esperaba y esa iba a ser la conducta que ella tomaría desde su nacimiento.

A: Hasta aquí, ¿cuál ha sido el momento más difícil durante tu tiempo en el vientre materno?

E: El sentir que mi padre estaba tratando de deshacerse de nosotras dos.

A: Y, en el momento en que está tratando de deshacerse de ustedes dos, ¿cuáles son tus reacciones físicas?

E: Quiero que él sea feliz conmigo, quiero que me ame —dijo entre lágrimas.

A: Y, cuando quieres que te ame, ¿cuáles son tus reacciones emocionales?

E: Miedo de que no me amará.

A: Cuando sientes ese miedo de que no te ame, ¿cuáles son tus reacciones mentales?

E: Dolor.

A: ¿Dónde sientes ese dolor?

E: En mi corazón y en mi cabeza.

A: Ahora, quiero que veas cómo todo esto está afectando tu vida como Emma.

E: Me lleva a cerrarme y a no dejar que otras personas entren a mi vida.

A: Y, ¿esto qué te impide hacer?

E: Amar a otros, ayudar a otras personas, dejarlos entrar en mi vida.

A: Ahora quiero que vayas hacia atrás, al momento antes de que entraras en el vientre de tu madre. Tres, dos, uno. Este es el momento antes de ingresar al vientre de tu madre. Quiero que compartas conmigo por qué estás eligiendo a esos padres. ¿Qué es lo que tu alma necesita aprender a través de ellos?

E: A amar.

Así continuó la sesión de Emma, ayudándola a recorrer el camino hacia su nacimiento, a tomar conciencia de todo lo que había acontecido y a hacer todo lo que no había podido hacer en ese momento. Emma, recién nacida, pudo hablar con su mamá y explicarle que no podía seguir protegiéndola porque había sido decisión de ella quedarse con su padre a pesar de cómo la trataba.

Cuando le pedí que le hablara a su papá explicándole que ella era una niña y que era perfecta de la manera que era, ella dijo:

E: Solo ámame de la manera que soy, papá. Te amo a pesar de no ser tu niño pequeño. Soy tu pequeña niña que te ama y que quiere ser como tú.

Atrapamiento durante el nacimiento

Una de las experiencias más traumáticas para el alma es la del nacimiento. Ese momento puede hacer recordar al alma la agonía de otro cuerpo. La sensación de estrechez al desplazarse por el canal de parto, puede recordar alguna vida donde haya experimentado encierro o haya sido enterrada viva. La manipulación con fórceps, por ejemplo, le puede rememorar alguna vida en la cual fue torturada. Si el bebé es puesto en una incubadora después de nacer, podría evocar una muerte en la cual estuvo encerrado o atrapado.

Por otro lado, también resulta relevante lo que dice o hace la madre después de haber nacido el bebé. Si lo pudo o no sostener en sus brazos, si la durmieron con anestesia general, si inmediatamente fue separado de la madre para ponerlo en una incubadora, entre otros escenarios. Todo esto nos lastima y nos programa.

Si la madre está dormida con anestesia, el bebé puede pensar que mató a la madre cuando nació, si la madre no lo pudo abrazar porque inmediatamente lo pusieron en la incubadora, puede que sienta la ansiedad de la separación y el no ser aceptado. Todos estos ejemplos han sido situaciones reales que he experimentado con los pacientes a los que he facilitado sesiones de hipnosis.

El minero sin piernas

Soukaïna tomó el curso de Introspective Hypnosis en el año 2020. Durante las prácticas pude notar que entraba fácilmente en trance. Su sencillez y carácter dulce no podían ocultar las marcas de las emociones que tenía pendiente por trabajar. Debido a la cultura de su país de origen y a su religión, Soukaïna experimentó limitaciones y prohibiciones por ser mujer.

Ella demostraba tener la necesidad de aprobación en todo lo que hacía y de sentirse aceptada. Este patrón lo manifestaba con todos los que la rodeaban, pero era más marcado con su madre. Comenzaré con una de las vidas pasadas que visitó durante su sesión.

Antonio: Dime lo que sea que venga a tu mente, lo que sea que estés sintiendo en tu cuerpo o cualquier emoción que estés experimentando —le dije tratando de crear un puente hacia la experiencia original—. ¿Qué está sucediendo?

Soukaïna: Siento que no soy suficiente —respondió rompiendo en llanto.

A: Y, ¿dónde sientes eso en tu cuerpo?

S: Lo siento en mis rodillas.

A: Quiero que vivas esa sensación más intensamente. ¿Eso que estás sintiendo en tus rodillas se siente como si qué le estuviesen pasando?

S: Están atrapadas.

A: Voy a contar del tres al uno y quiero que vayas a donde tus rodillas están atrapadas. Tres, dos, uno. Ya estás ahí. Como si lo supieras, ¿dónde estás mientras tus rodillas están bloqueadas? ¿Dónde te encuentras mientras sientes eso? Dime aunque pienses que lo estás imaginando.

S: No lo sé.

A: ¿Sientes que estás parada, sentada o echada?

S: Siento como si hubiera un peso en mis rodillas. Es como si estuviese atracada.

A: ¿Sientes que estás en un lugar o que alguien está haciéndote sentir de esa manera?

S: Estoy en un lugar. Siento que hay algo muy pesado sobre mis piernas y que no soy lo suficientemente fuerte para sacármelo de encima.

A: Toca tu cuerpo. ¿Es de hombre o de mujer?

S: Es de hombre joven, como de 40 años.

A: ¿Puedes mover tus brazos?

S: No.

A: ¿Puedes escuchar algo a tu alrededor?

S: Escucho como maquinaria.

A: Voy a contar del tres al uno y quiero que vayas al momento antes de que llegaras a ese lugar. Tres, dos, uno. Ya estás ahí. ¿Qué está pasando?

S: Estoy en una mina. Estoy excavando con una pala y no estoy solo. Estoy con un equipo. Escucho que algo retumba y miro hacia arriba y las rocas caen sobre mí. Estoy atrapado bajo las rocas y separado del resto del equipo.

A: Mientras estás ahí, ¿cuáles son tus reacciones físicas?

S: Ya no puedo sentir mis piernas.

A: Y, al no sentir tus piernas, ¿cuáles son tus reacciones emocionales?

S: Estoy asustado —me dijo llorando.

A: Y, cuando estás asustado ahí, ¿cuáles son tus reacciones mentales?

S: Que estoy atrapado y voy a morir aquí. Si no muero voy a perder mis piernas y no podré vivir de esa manera —contestó llorando desconsoladamente.

A: ¿Cómo está afectando todo esto tu vida como Soukaïna, esto de no sentir tus piernas, estar asustado y pensar que vas a morir? ¿Todo esto qué te hace hacer?

S: Me hace sentir insegura de mí misma. No puedo pararme en mis dos piernas. Necesito que alguien me ayude.

A: ¿Esto qué te impide hacer?

S: Construir mi propia vida, tomar responsabilidad y ser libre. No soy libre.

A: Repite eso una vez más.

S: ¡No soy libre! —exclamó llorando y lamentándose en voz alta.

A: Voy a contar del tres al uno y quiero que vayas al momento en que todas estas rocas comienzan a caer sobre ti. Cuando llegue a uno sentirás el impacto. Permítele a tu cuerpo sentir todo más intensamente. Tres, dos, uno. Ya estás ahí.

En ese momento, Soukaïna sufrió una especie de espasmos mientras intentaba tomar aire con gran dificultad.

A: Mientras experimentas eso, ¿qué sienten tus piernas?

S: Siento cómo mi espina dorsal se rompe —narró con dificultad.

A: ¿Qué están sintiendo los pulmones?

S: A penas puedo respirar.

A: ¿Qué está sintiendo el corazón?

S: Está latiendo rápido.

A: ¿Qué está sintiendo la garganta?

S: Trato de gritar, pero no puedo —dijo casi balbuceando.

A: ¿Qué está sintiendo el cerebro?

S: Pánico.

A: ¿Es aquí donde termina esta vida? ¿En este lugar?

S: No.

A: Quiero que te muevas hacia adelante, pero, mientras tanto, dime lo que estás pensando.

S: Pienso que mi vida no va a ser la misma.

Continué haciéndole preguntas hasta que el minero fue rescatado. Él había perdido la sensibilidad en las piernas. Me dijo que todo esto le generaba gran inseguridad y una ausencia de conexión a la tierra. El hombre no pudo trabajar más y se sintió como una carga, como un obstáculo para su familia.

A: ¿Cómo te hace sentir todo esto?

S: Inútil. Siento que no soy suficiente.

A: Y, ¿eso qué te hace hacer en tu vida como Soukaïna?

S: Paro de intentarlo.

A: Y, ¿eso qué te impide hacer?

S: Explorar y crecer.

A: Quiero que te muevas hasta el último momento de esa vida. ¿Qué está sucediendo?

S: Estoy solo —respondió llorando nuevamente.

A: ¿Dónde estás?

S: En la calle.

A: ¿Por qué estás solo?

S: Mi esposa me dejó. Se cansó de atenderme.

A: ¿Cuánto tiempo has estado en la calle?

S: Diez años.

A: Ya que este es el último minuto de esa vida, ¿qué estás sintiendo?

S: Que soy inútil.

A: Y, mientras estás muriendo, ¿cuál es el último pensamiento que logras tener en ese cerebro?

S: Que estoy feliz de estar dejando esta vida. Estoy feliz de morir.

A: ¿Por qué estás feliz de morir?

S: Porque este mundo ha sido cruel conmigo.

Es importante recalcar esas últimas frases y pensamientos, e incluso todo el vocabulario que utilizó el minero para describir cómo se sentía. Estas son las que están causado el atrapamiento de su alma en esa vida al quedarse sumido en el rol de víctima.

A: Cuando estés listo sal de ese cuerpo, entendiendo que, con la muerte de ese cuerpo, esta experiencia ha terminado para siempre. Nada de esto te va a afectar, no necesitas llevar nada de esto a otros cuerpos. ¿Qué piensas que debías aprender en esa vida?

S: Tenía que aprender a ser autosuficiente.

A: ¿Lograste aprender esa lección?

S: No.

A: ¿Por qué crees que no la pasaste?

S: Porque me di por vencido después de que mi esposa se fuera.

A: Entonces, ¿esa limitación en tus piernas te hizo sentir que no eras suficiente y te diste por vencido?

S: Sí. Me dejé morir de hambre.

En este punto le pido al alma del minero, que es también el alma de Soukaïna, y que en ese momento se encuentra más conectada al mundo espiritual, que le dé un consejo basado en su experiencia en esa vida que acababa de terminar. Esto fue lo que dijo:

S: No puedes poner tu vida en manos de otros. Tu vida es para que tú la vivas y la construyas. Sí, puedes tener apoyo. Sí, puedes tener gente ayudando, pero no dependas solo de eso.

Es así como, después de unos minutos, el espíritu del minero regresó a la luz, cerrando ese capítulo para siempre y culminando con el atrapamiento de su alma. Todo esto que había sentido al alma del minero, al estar atrapado en esa experiencia, hacía que Soukaïna experimentara las mismas emociones y que estuviese atrapada en el rol de víctima. En la vida actual, ella experimentaría situaciones que le permitirían completar las lecciones que no pudo en la vida del minero. Cuando uno no aprende una lección en una vida pasada, simplemente la repite. Han sido varias las ocasiones en las que las almas de mis clientes me han dicho que llevaban muchas vidas tratando de aprender una sola lección.

Como el alma no entiende de tiempo porque para ella todo ocurre ahora, a continuación, veremos cómo esta experiencia a su vez se relaciona al tiempo en que Soukaïna estaba en el vientre de su madre. Soukaïna era consciente de que, a pesar de entender lo que vino a aprender en esta vida, aún sentía una gran necesidad de aprobación.

Soukaïna en el vientre de mamá

Antonio: Soukaïna, quiero que te adelantes al momento en el que estás en el vientre de tu madre antes de nacer. Cinco, cuatro, tres, dos, uno. Ya estás ahí. Y, mientras vuelves a experimentar ese ambiente húmedo y tibio, ¿sientes si tus brazos y piernas están en una posición cómoda?

Soukaïna: Sí

A: ¿Qué hay de tu cuello? ¿Está cómodo?

S: Sí.

A: ¿Cómo se sienten tus piernas?

S: Sienten como un hormigueo.

A: ¿Puedes sentir las emociones de tu madre?

S: Oh, sí.

A: ¿Qué está sintiendo?

S: Tristeza.

A: ¿Qué está pensando tu madre?

S: Que cometió un error.

A: Dado que estas en el vientre, estás conectada a tu mamá. Estás dentro de su cuerpo vibratorio. Pregúntale a tu mamá qué error ha cometido.

S: ¿Qué error has cometido? —le preguntó comenzando a llorar—. Dice que no debió casarse con mi papá.

A: Ya veo. Pregúntale por qué está triste a pesar de estar embarazada.

S: Porque no tiene el coraje de irse. Se siente obligada a quedarse por mi hermana mayor y por mí, más ahora que estoy aquí.

A: Y eso, ¿cómo te hace sentir?

S: Culpable —contestó llorando más profundamente.

Esta información provista por Soukaïna es de gran valor, pues nos da una pista acerca de la causa del atrapamiento de su alma durante la etapa de su gestación.

A: Y, cuando te sientes así, ¿qué te hace hacer en tu vida como Soukaïna?

A: Intentar compensarla por ello.

Esta sería la confirmación de la sospecha mencionada líneas arriba y, en realidad, la explicación de su conducta en la vida y de la necesidad de contar siempre con la aprobación de su madre y de ser validada por otros.

A: Y, cuando tratas de compensar a tu mamá, ¿qué te impide hacer?

S: Vivir por mí misma.

A: Dime si alguna de esas emociones que está sintiendo tu madre son tus emociones también.

S: Son todas de ella —dijo rompiendo en llanto.

A: Son todas de ella y, porque estás ahí dentro, las sientes como si fuesen tuyas. Quiero que te muevas al momento en el que estás a punto de nacer. Voy a contar del tres al uno. Permite que tu cuerpo sienta todo lo que tiene que sentir mientras estás naciendo. Tres, dos, uno. Ya estás ahí. ¿Qué está ocurriendo?

S: Está triste —continuó con un llanto inconsolable—. A pesar de que estoy naciendo, ella está triste porque mi padre no está ahí.

A: Y, mientras estás naciendo, ¿cuáles son tus reacciones físicas?

S: Siento un hormigueo en todo mi cuerpo. El primer aliento que tomo está quemando mis pulmones. Hace mucho frío.

A: ¿Cuáles son tus reacciones emocionales mientras estás naciendo?

S: Estoy confundida.

A: Y, ¿cuáles son tus reacciones mentales mientras estás naciendo?

S: Tengo curiosidad. Veo a mi alrededor y veo sombras, cosas moviéndose que no se sienten familiares.

A: Quiero que prestes atención a lo que están diciendo a tu alrededor. ¿Qué están diciendo?

S: El doctor está riendo y está tratando de hacer que mi madre ría para aligerar su estado de ánimo.

A: Y, ¿qué está haciendo tu mamá?

S: Ella está riendo, pero puedo sentir que se encuentra muy triste.

A: ¿Tu madre te sostiene en brazos?

S: Sí.

A: Y, mientras te sostiene en sus brazos, ¿qué estás sintiendo?

S: Que ella lo lamenta. Ella sabe que vamos a sufrir porque la relación con mi padre no es una relación pacífica.

A: Tienes razón. Es su relación con tu padre y tú no tienes nada que ver con eso. Ahora, quiero que ubiques tu cordón umbilical y, en un momento, voy a contar del tres al uno. Cuando llegue a uno, podrás cortar ese cordón y, cuando cortes ese cordón, tu energía estará desconectada de tu madre para siempre. Esas emociones, ese miedo, esa tristeza, van a ser desconectadas para siempre porque le pertenecen a tu madre y no a ti. Tres, dos, uno. Corta el cordón ahora.

Y, ahora que has cortado el cordón, eres libre y puedes volver a ser tú misma, entendiendo que no tienes que complacer a nadie, ni compensar a tu madre por nada. Háblale a tu madre y explícale. A partir de ahora no vas a sentir esa tristeza que ella sintió. No tienes que hacerla feliz porque tú no eres culpable de nada. Estarás con ella porque eres su hija, pero no vas a sentir sus emociones. Tú le puedes decir eso.

S: Mamá, te amo, pero no puedo llevar tus emociones para siempre. Ya no puedo absorber todo tu dolor. No es mi deber, ni mi responsabilidad. He desperdiciado mucho tiempo haciendo eso y te he estado privando de tu propia oportunidad de crecer. Necesito comenzar a vivir por mí misma. Mamá, siempre estaré contigo y siempre te amaré, pero no puedo arreglar tu vida. Lo siento —finalizó con lágrimas en los ojos.

La sesión continuó por unos minutos más antes de sacar a Soukaïna del trance hipnótico en el que se encontraba. Habíamos encontrado el origen del atrapamiento de su alma. Ella se había hecho responsable de la tristeza de su madre.

LA FRAGMENTACIÓN DEL ALMA

Hasta ahora hemos hablado de cómo los traumas afectan la mente consciente, el subconsciente y cómo todo esto también afecta al alma. Sin embargo, ante un evento doloroso, hay toda una serie de consecuencias que experimenta el alma, como la fragmentación del alma. En el capítulo anterior expliqué el concepto del atrapamiento del alma y las situaciones en las que se puede dar. La fragmentación es otra de las posibles consecuencias del atrapamiento de alma, pero no quiere decir que todo atrapamiento resulte en una fragmentación.

Este término no es un nuevo concepto. Ha sido utilizado y contemplado por los chamanes desde la antigüedad. En la práctica, los chamanes actuaban de la mano del mundo espiritual a través de estados alterados de conciencia. Varios empleaban diversas herramientas, como el humo del tabaco, el compás de un tambor, el fuego, bailes, ícaros (canciones medicinales), vigilas, entre otras. Su objetivo es interactuar con el mundo espiritual para hallar el aspecto espiritual de las enfermedades para la recuperación del alma de la persona a la que está ayudando.

Durante mis primeros años de práctica de la hipnosis, yo ya había escuchado el término fragmentación y recuperación del alma, sin embargo no le presté la atención ni el interés debido. No fue hasta que conocí a mi maestro José Luis Cabouli que presencié el uso de esta técnica en uno de sus talleres en México. Fue en este punto que comprendí el gran valor terapéutico de la recuperación de los fragmentos del alma.

Pero, ¿qué es la fragmentación del alma? ¿En qué consiste? ¿Cómo el alma puede fragmentarse? Para explicar esta idea, primero recordemos que el alma es energía, y no solo energía, sino energía con conciencia e inteligencia propias. Cuando experimentamos un *shock* que nuestra alma no puede soportar o procesar, una parte de ella —aquella que no quiere sentir, que está asustada y que no entiende lo que está pasando— se desprende del resto y se va. Esto puede suceder durante un accidente grave, un abuso sexual o emocional, entre otros escenarios. Si bien es cierto que he encontrado más casos de fragmentación del alma durante la infancia, puede ocurrir en cualquier momento de nuestras vidas.

Cuando el alma se fragmenta, nuestra energía vital se queda atrapada en ese acontecimiento. La fragmentación del alma trae diversas consecuencias. Estas son algunas:

- La parte del alma fragmentada se queda en la edad que tenía la persona cuando el evento traumático aconteció, y por ende no continúa la evolución espiritual del resto del alma.
- Al quedarse atrapada en aquella experiencia, no importa cuánto tiempo haya pasado, esa parte seguirá haciéndonos sentir todo lo que sintió y aún está sintiendo, ya que para esa área fragmentada eso está sucediendo ahora.
- Perdemos acceso a esa parte de nuestra energía. Es decir, que, al fragmentarse el alma, ya no tenemos acceso al 100% de nuestra alma. Si ponemos como ejemplo que en la fragmentación el alma pierde el 10%, esto nos dejaría con el 90% de nuestra energía. Ahora, si nos pusiéramos a pensar cuántas veces nuestra alma ha podido fragmentarse solo en esta vida, podremos comprender a cuánta de esa energía no tenemos acceso y cuántos síntomas nos puede estar causando.

Y, si hablamos de pérdida de energía en la fragmentación del alma, existen otro tipo de efectos:

- Al haber perdido acceso a un porcentaje de nuestra energía, puede que experimentemos un cansancio o agotamiento crónicos.

- Además, nos veríamos como un queso suizo, con agujeros. Esto, a su vez, debilita el aura, que es el escudo natural con el que contamos para protegernos de energías externas, incluyendo de las almas perdidas que se quieran adherir a nuestro campo energético.
- Al no tener toda nuestra energía con nosotros, nos sentimos incompletos. Algunas personas pueden experimentar confusión.
- También se puede experimentar una desconexión de las sensaciones y emociones del cuerpo. Personas que sin saber que tenían el alma fragmentada me han dicho cosas como: *"no me siento en el cuerpo todo el tiempo"* o *"puedo pensar amor, pero no lo puedo sentir"*.

Por eso, es esencial recuperar los fragmentos del alma y reintegrarlos a nosotros. No solo para recuperar nuestra energía, sino también porque de esa manera estaríamos trabajando nuestros traumas. Por ejemplo, los chamanes realizan un viaje chamánico en el que ellos mismos buscan los fragmentos del alma para así regresarlos al cuerpo de su paciente. Actualmente, mediante la combinación del uso de la hipnosis con conceptos chamánicos, podemos hacer que sea la persona misma la que vaya en busca del fragmento de su alma.

¿Qué síntomas puede experimentar una persona con el alma fragmentada?

Científicamente no lo podemos comprobar, pero basado en lo que hemos encontrado en sesiones con nuestros clientes, podríamos mencionar los siguientes:

- Falta de energía
- Fatiga crónica
- Vulnerable a energías externas incluyendo a las almas perdidas
- No sentirse presente en todo momento
- Sentirse desconectado del cuerpo físico
- Confusión

Diferencia entre atrapamiento y fragmentación del alma

Después de hablar sobre el atrapamiento del alma, puede surgir una confusión pues pareciera que, en cierto modo, estamos hablando de la fragmentación del espíritu. Si bien es cierto que los dos conceptos pueden ser parecidos ya que en ambos el alma Y nuestra energía se ven afectadas por un trauma, causándonos diversos síntomas; la diferencia radica en los siguientes puntos:

La fragmentación del alma es el desprendimiento de una porción de nuestra alma, como si dividiésemos nuestra energía en partes más pequeñas. En el atrapamiento, la energía del alma está completa al 100%.

El atrapamiento se genera cuando al alma le queda algo por completar en algún evento traumático. La fragmentación del alma hace que un fragmento se desprenda y se vaya por no soportar el dolor o intensidad de ese hecho.

Para reintegrar los fragmentos, primero hay que completar el trabajo terapéutico para iniciar la recuperación, mientras que el atrapamiento acaba cuando el alma puede completar la experiencia.

La fragmentación es una de las consecuencias del atrapamiento.

La fragmentación se puede dar en la vida presente, en el vientre materno, en una vida pasada o incluso después de la muerte en esa vida. La diferencia es que, si la fragmentación sucedió en una vida pasada, cuando el alma regresa a la luz, los fragmentos se vuelven a integrar. Es por eso que cuando trabajamos con la fragmentación del alma, nos referimos a eventos de la vida actual.

Volviendo al gráfico de las vidas pasadas de John, observamos el atrapamiento de la siguiente manera:

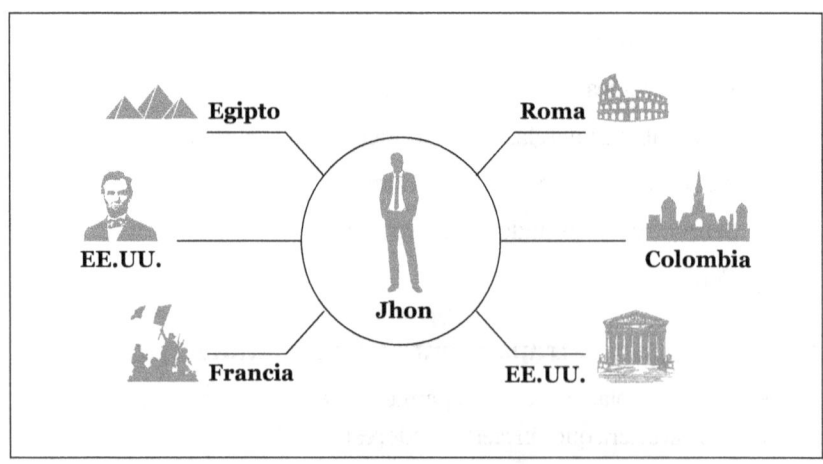

Observemos a John y alrededor sus vidas pasadas, las cuales están sucediendo 'ahora' desde el punto de vista del tiempo del alma, del tiempo cuántico. Lo que podríamos decir es que parte de la energía (alma) de John se quedó atrapada en la vida de Egipto. Su alma no está fragmentada, sino que el atrapamiento hace que él esté conectado a esa vida, transmitiendo los síntomas.

Siguiendo con este ejemplo, imaginemos otra conexión con la vida de Roma, donde murió atacado por un león; otra a la vida de Francia, donde falleció en batalla; y, otra a la vida en Estados Unidos, donde su deceso también se dio en un campo de batalla. Ahora, agreguemos otra conexión hacia una vida en la que se originó un atrapamiento del alma. Este ocurrió en el vientre materno, donde sintió que su madre estaba pensando en abortarlo y que su padre deseaba que ese bebé fuera una niña, cuando él sabía que iba a ser un niño. Finalmente, el espíritu posee múltiples conexiones.

¿Se entiende, entonces, cómo nuestra alma puede estar atrapada en diferentes eventos al mismo tiempo? Esto no quiere decir que estamos fragmentados, solo conectados a esos sucesos y haciéndonos sentir todo eso que sentimos en el presente. Tenemos toda nuestra energía con nosotros, pero no tenemos acceso a esa parte de la energía que quedó atrapada en aquel hecho.

La niña en la habitación

Roxana es una joven sudamericana que vivió una experiencia atroz que derivó en la fragmentación de su alma. Ella fue abusada por su abuelo cuando era tan solo una niña.

Lamentablemente, esta historia es solo una de las tantas que han llegado a mí. Los casos de violación y tocamientos indebidos de menores perpetrados por personas cercanas a su círculo familiar son muy comunes de escuchar en sesión. Ahondaré más en este tema y en los efectos que puede provocar este tipo de abusos más adelante, en el capítulo *Violación y tocamientos indebidos*.

Roxana llegó a sesión sintiendo depresión, baja autoestima, desconexión de sus sentimientos y había estado experimentando últimamente convulsiones. Ya en estado de trance, Roxana regresó a un evento en su vida actual, en el que tenía tres años. Estaba acostada sola en la cama de sus padres y despertando de una siesta. Como todo bebé, se puso a llorar esperando que sus padres vinieran a atenderla, pero quien llegó fue su abuelo. A continuación, comparto parte del diálogo:

Roxana: Ahora mismo, estoy sola. Lloro, pero nadie viene.

Antonio: Muy bien. Continúa un poco más. Siente esa tristeza y esa soledad. Permite que el bebé sienta todo eso.

R: Lloro, pero nadie viene —dijo llorando desconsoladamente.

A: Continúa.

R: ¡No!

A: ¿Qué está pasando?

R: ¡No!

A: Continúa. Permite que tu cuerpo sienta todo lo que necesita sentir.

R: ¿Qué está pasando?

R: Mi abuelo entra —contestó llorando, como sabiendo lo que estaba a punto de suceder—. Entonces, dejo de llorar y cierro los ojos.

A: Sí, continúa.

R: Me hago la dormida para que se vaya. ¡No!

A: Eso es. Continúa. ¿Qué está ocurriendo?

R: Comienza a poner sus manos sobre mí. No me gusta. No me gusta su olor.

A: Continúa. ¿Qué más está pasando?

R: Me está tocando ahí abajo con sus dedos. Me está lastimando.

A: Continúa un poco más.

R: Trato de no llorar muy fuerte y me desconecto. Me voy.

Aquí Roxana estaba haciendo referencia a la fragmentación de su alma.

A: Y, ¿cómo te desconectas?

R: No lo sé. Me voy a otra parte.

A: Continúa desde donde estés. Cuéntame lo que le pasa a tu cuerpo.

R: Me duele así que me voy y así no tengo que sentirlo más.

A: Eso es. Continúa.

R: Y no vuelvo hasta que se haya ido.

A: Muévete hasta el momento en que se haya ido. ¿Qué está pasando ahora?

R: Me abraza y me moja.

A: ¿Con qué te moja?

R: ¡Está detrás de mí! No sé.

A: Continúa. Permite que tu cuerpo sienta todo y continúa.

R: Es tan asqueroso. Nunca me dejará en paz.

Aquí, Roxana estaba confirmando que esta no había sido la primera vez que su abuelo abusaba de ella.

A: Avanza un poco más. Mira lo que pasa después.

R: Creo que está subiendo la cremallera de sus pantalones.

A: Continúa.

R: Me envuelvo en la manta y voy de nuevo.

Roxana dice esto haciendo nuevamente referencia a la fragmentación de su alma.

A: Continúa.

R: Él se va y me despierto de nuevo. Cuando me bajo de la cama finalmente y me voy a la otra habitación, nadie se fija en mí.

A: ¿Cómo te sientes cuando nadie se fija en ti?

R: Triste.

A: Hasta aquí, ¿cuál ha sido el momento más difícil de esta experiencia?

R: Todo.

A: Y, cuando te encuentras en esa experiencia, ¿cuáles son tus reacciones físicas mientras tu abuelo te hace eso?

R: Quiero vomitar. Me siento asquerosa, me siento sucia.

A: Y, ¿cuáles son tus reacciones emocionales?

R: Quiero huir y esconderme. Quiero llorar y gritar —respondió entre lágrimas.

A: Y, cuando quieres huir, quieres esconderte, llorar y gritar, ¿cuáles son tus reacciones mentales?

R: Me siento herida. ¡Cómo puede hacerme esto!

A: Ahora, quiero que veas cómo todo esto está afectando tu vida como Roxana. Cuando dices que quieres vomitar, que te sientes asquerosa y sucia, con ganas de huir, de esconderte, de correr y gritar.

R: Me siento herida.

A: Y, ¿qué te hace eso en tu vida como Roxana?

R: Fingir que no ha pasado.

A: Cuando finges que no sucedió eso, ¿qué te impide hacer?

R: Enfrentarlo.

La sesión de Roxana continuó por unos minutos más. Luego de ayudarle a entender lo que le había sucedido y cómo todo eso estaba perjudicando su vida, procedí a ayudarla a desensibilizar el trauma, es decir, a ayudarle a su alma a completar todo lo que no pudo hacer en ese momento, para luego proceder a recuperar los fragmentos de su alma.

Era esta fragmentación que había tomado lugar en varias ocasiones la que la hacía sentir desconectada, deprimida y le hacía experimentar las convulsiones. Parte de su alma se había quedado atrapada en ese evento y en la edad que sucedió, causándole los síntomas mencionados en la actualidad.

Más adelante, en el capítulo *Energías masculina y femenina*, explicaré con más detalle las secuelas que una violación provoca en el alma. Por ahora, lo único que deseo mostrar con este caso es cómo el alma se fragmenta ante un evento traumático.

TIPOS DE MUERTE Y SUS SÍNTOMAS

A través de los años de práctica de hipnosis, he sido testigo de cómo la mayoría de síntomas sin explicación que han experimentado mis clientes durante sus vidas estaban relacionados al momento de la muerte del cuerpo en una vida anterior. Dependiendo del nivel de trauma en el deceso, el alma puede quedar atrapada y traer todo eso que sintió durante la muerte de ese cuerpo al cuerpo presente. Por este motivo, la regla de oro en cualquier regresión a vidas pasadas es navegar una vida pasada hasta el momento de la muerte del cuerpo, pues nos ayudará a entender no solo cómo murió y que síntomas podrían haber generado, sino lo que llevó a la persona a fallecer de ese modo.

Lo interesante en estos casos es que todo eso que el alma arrastra hasta el nuevo cuerpo está guardado a nivel subconsciente y, por ende, la persona no puede tener acceso a ello. Esto quiere decir que, cuando la persona (el alma) experimente alguna situación similar, ya sea a nivel físico, mental o emocional, a la que vivió en ese entonces, los síntomas de dispararán automáticamente sin que la persona entienda el porqué de su reacción, conducta o dolor. El alma experimentará todo lo que experimentó en ese evento, como si estuviese pasando ahora mismo.

Muchos de mis clientes decidieron tener una sesión de hipnosis como último recurso, tras haber buscado la respuesta y la cura de sus padecimientos en la medicina tradicional. Esto no quiere decir que todos los síntomas que tenemos vienen de vidas pasadas o que los seres humanos no necesitamos la medicina tradicional.

A continuación, listaré algunos tipos de muertes y los síntomas que pueden generar en el cuerpo actual:

La hoguera

Este fallecimiento es provocado por la combustión. Este era el tipo de muerte que se les daba a aquellos acusados de traición, delitos religiosos, herejía o brujería. Si bien es cierto que este tipo de ejecución fue empleada por los nativos americanos, el Imperio bizantino y en la antigua India, en mis sesiones, he presenciado la ejecución por brujería en mayor cantidad.

Recordemos que, en la antigüedad, todo aquello que no tenía una explicación lógica era entendido como brujería u obra del diablo. Es así que muchos sanadores que empleaban hierbas o sus manos, los videntes que predecían el futuro y los médiums que podían ver y comunicarse con los espíritus eran acusados de herejes y brujos, siendo quemados vivos. Más adelante veremos cómo este tipo de asesinato ha afectado la energía femenina de la persona.

Intentemos imaginar por un momento lo que puede sentir la persona que está siendo quemada. Podríamos comenzar pensando en lo que sucede con la piel cuando es tocada por el fuego, continuando por los músculos y luego los huesos. A esto sumémosle lo que pueden sentir los pulmones al contraerse y quemarse, la falta de aire, la sensación como si el corazón fuera a explotar, la visión borrosa por el humo y el olor de su propio cuerpo quemándose; y aún faltaría hablar de la experiencia emocional y mental. La muerte en la hoguera es una de las más traumáticas. Personas que, en trance, regresaron a una vida donde fueron quemados vivos, no solo reportaron todo lo mencionado arriba, sino que también describieron cómo su alma comenzaba a desprenderse de su cuerpo para tratar de no sentir, mientras veían desde arriba cómo se consumía su cuerpo.

Entonces, ¿qué tipo de síntomas se puede encontrar en personas que experimentaron este tipo de muerte en otra vida? La respuesta puede ser variada, pero mencionaré los que escuché de la boca de mis propios clientes:

- Problemas respiratorios, como asma o la sensación constante de tener la garganta cerrada.

- Problemas en la piel, como marcas de nacimiento, alergias, psoriasis o eccema. He tenido clientes cuya piel de las manos se pelaba y hería en situaciones de estrés.
- Problemas con las articulaciones.
- Problemas musculares.
- Temor a hablar en público.

Las caídas

El trauma de la muerte por una caída está asociado tanto al impacto del cuerpo con la superficie como por todo lo que se piensa mientras el cuerpo está cayendo. Obviamente, hay personas que pueden fallecer por causa de un resbalón resultando en un golpe en la cabeza, pero las más traumáticas son aquellas en donde la persona cayó a un barranco o un acantilado, sin importar si esto estuvo relacionado a un suicidio, accidente o ejecución.

Imaginemos lo que puede sentir el cuerpo que cae a un barranco el cual tiene rocas en el fondo. El impacto rompe los huesos, la columna vertebral y médula espinal. Por otro lado, está el cerebro y lo que se puede sentir cuando este impacta y revienta.

Este tipo de deceso puede desencadenar los siguientes padecimientos:

- Fibromialgia.
- Desconexión emocional, mental y energética de la cabeza con el resto del cuerpo.
- Problemas en la columna vertebral.
- Problemas de movilidad en general.
- Miedo a las alturas.

Dentro de este tipo de muerte, me han tocado personas con problemas para caminar, dolor en todo el cuerpo sin explicación alguna y atrofia muscular.

Si la muerte por caída fue el resultado de un acto de suicidio, entonces sería elemental entender qué es lo que estaba pasando por la mente del suicida antes de saltar. Esto estará relacionado con la manera en que se sienta en la vida actual.

Envenenamiento

En esta categoría tenemos la muerte por venenos y sustancias tóxicas. Esto se puede deber a picaduras, mordidas, inhalación de gases, sobredosis, anestesia, entre otras.

Dependiendo del tipo de envenenamiento, puede que el cuerpo se duerma antes de que muera, como ocurre con la anestesia, algunos gases o con una sobredosis. Que el cuerpo se encuentre inconsciente antes de fallecer, puede ocasionar gran confusión al alma cuando se desprenda del cuerpo ya que no comprenderá lo que está sucediendo.

En cuanto al envenenamiento por picadura y mordedura, el veneno viaja por la sangre causando distintos síntomas durante la agonía que conlleva la muerte. En el caso de venenos que son ingeridos, pensemos en el recorrido que este hace: el sabor que se siente en la boca, lo que siente la garganta, el esófago y estómago mientras hace su recorrido.

Aunque para nosotros esto no tenga sentido, la muerte por envenenamiento deja una especie de secuela o síntoma en el alma a nivel energético, que será traído o trasladado al cuerpo actual. Entonces, ¿qué tipo de síntomas pueden presentar las personas que murieron bajo estas circunstancias?

- Problemas respiratorios.
- Problemas digestivos.
- Marcas en la piel en la zona de la picadura o mordedura.
- Desconexión o adormecimiento.
- Estado de confusión.
- Adormecimiento.
- Somnolencia.

Si el envenenamiento fue provocado por alguien más, ya sea por un enemigo, derivado de una traición o de una ejecución, imaginemos todo lo que se puede llegar a pensar durante la agonía del cuerpo, en caso esté consciente. Además de los dolores físicos, también se experimentarán otros a nivel emocional que pueden llevar a la víctima a pronunciar frases atemporales que compliquen el atrapamiento del alma. Hablaré sobre estas frases atemporales, trascendencia y consecuencias en el siguiente capítulo.

En una de las sesiones de terapia de vidas pasadas que facilité en un taller sobre Atrapamiento y Recuperación del Alma en Lima (Perú), una paciente mostró una inflamación en la lengua sin explicación alguna y contó que experimentaba un estado de confusión casi permanente que no le permitía seguir con sus planes de vida.

Ya una vez en estado de trance, mientras trabajábamos alrededor del síntoma relacionado con la lengua, la paciente regresó a una vida pasada donde estaba a punto de ser sacrificada con fines religiosos. El sacrificio consistía en arrancarle la lengua, así que le pedí que reviviera ese momento más profundamente. Para mi sorpresa, me relató todo lo que le estaban haciendo asegurando que no sentía nada. Es en ese momento que sospeché que quizás le habían dado un brebaje previo al sacrificio. Cuando le hice la pregunta, me lo confirmó. Le habían dado de tomar una bebida a base semillas y raíces, que la había adormecido. En esta vida ella seguía sintiendo esa confusión a causa del brebaje.

Enterrado vivo

No hay que retroceder mucho en el tiempo para encontrar casos en los que personas fueron enterradas vivas al dárselas por muertas. El escritor Luis Zapata de Chaves (1526 – 1595) relata en su obra "Varia historia" algunos casos de entierro prematuro y accidental durante la peste que azotó España en el siglo XVI, en donde algunas personas fueron tomadas por muertas, cuando en realidad no lo estaban, y fueron lanzadas a la fosa común con los demás cadáveres echándoles cal encima.

Incluso, en el tiempo presente, podemos encontrar en las noticias casos en los que una persona, supuestamente muerta, despertó durante su propio velorio para asombro de los asistentes. También se han reportado casos en los cuales se escucharon gritos provenientes de la tumba y en los cuales se descubrió, una vez abierto el ataúd, que la persona había estado viva y había intentado salir, notándose rasguños en la madera y la ausencia de las uñas.

En la antigüedad, el ser enterrado vivo se dio por no contar con métodos científicos y equipos actuales para detectar el pulso o las ondas cerebrales, al pensar que la persona había fallecido cuando en realidad estaba sufriendo de catalepsia, trastorno que produce un estado de rigidez corporal y falta de estímulos tal cual sucede con una persona fallecida. Todo esto es causado por un trastorno nervioso.

También podemos encontrar en la historia de la humanidad casos en los que el enterramiento vivo era un tipo de ejecución. En la antigua Roma, una *virgen vestal* era enterrada viva cuando esta violaba sus votos de celibato. Por otro lado, en la Italia medieval, se enterraban vivos a los asesinos. En la Rusia feudal, a las mujeres que hubiesen asesinado a su esposo se les metía en un pozo.

Claro está que también hay casos en los que una persona quedó sepultada viva producto de un accidente, atentado o de un desastre natural. Este puede ser el caso de mineros atrapados en minas colapsadas o personas atrapadas en escombros de edificaciones derrumbadas por un sismo o un bombardeo.

En realidad, no importa la razón por la que una persona haya muerto enterrada viva, la realidad es que la mayoría presentarán las mismas afecciones: Claustrofobia.

- Sensación de asfixia.
- Ansiedad.
- La sensación de estar muertos en vida.
- Somnolencia.
- La sensación de no ser escuchados.

Estos síntomas estarán presentes a nivel subconsciente y serán disparados al enfrentar escenarios en los que se encuentren encerrados. Esto podría ocurrir al estar en un ascensor, un avión, una habitación oscura, el metro, etcétera

Ahorcamiento

El ahorcamiento produce una muerte por asfixia mecánica y sofocación. Los casos más conocidos de este tipo de muerte son los relacionados con la horca, la cual deja al individuo inconsciente por la falta de aire, causando movimientos convulsivos y produciendo una muerte rápida. Lo que en realidad produce la muerte es la *isquemia*, estrés celular causado por cualquier disminución transitoria o permanente del flujo sanguíneo.

Si bien morir ahorcado puede estar relacionado al suicidio, este tipo de muerte se le conoce más como un tipo de ejecución. En Salem, por ejemplo, una pequeña aldea de Massachussets, durante febrero de 1692 a 1693, diecinueve personas fueron colgadas al ser acusadas de brujería. En España, la horca era el método de ejecución más común hasta el año 1832. En Inglaterra, la muerte por ahorcamiento fue introducida por las tribus anglosajonas y, para el siglo XVIII, la horca se había convertido en la forma de castigo principal para crímenes capitales. La horca sigue utilizándose como método de ejecución legal en algunos países de Asia y África, como Afganistán, Bangladés, Botsuana, India, Irán, Iraq, Japón, Kuwait, Malasia, Nigeria, la Autoridad Palestina, Sudán del sur, y Sudán.

¿Qué es lo que experimenta el cuerpo durante este tipo de muerte?
- Cierre de las arterias carótidas que provoca hipoxia cerebral.
- Cierre de las venas yugulares.
- Rotura del cuello, produciendo una lesión medular traumática o incluso una decapitación involuntaria.
- Cierre de la vía respiratoria.

Entre los tipos de síntomas que las personas muertas en la horca pueden presentar en la vida actual pueden estar:
- Dolor de cuello.
- Dificultad para respirar.
- Sensación de desconexión entre la cabeza y el resto del cuerpo (emociones o sensaciones).
- Fastidio al utilizar cualquier cosa alrededor de cuello.
- Temor y ansiedad de hablar en público.
- Problemas en la columna vertebral.
- Problemas en la espina dorsal.

Cuando la persona ha sufrido este tipo de muerte en vidas pasadas, es muy importante pedirle que restablezca la conexión de la cabeza con el resto del cuerpo y de la cabeza con el corazón. Todo esto con el fin de acabar con la posible desconexión que puedan sentir.

Decapitación

Esta muerte es causada por la separación de la cabeza del resto del cuerpo, la cual genera un sangrado masivo y una disminución de la presión sanguínea. Todo esto lleva a la perdida de la conciencia y a la muerte cerebral. Uno de los debates con respecto a este tipo de muerte gira en torno a si el deceso es instantáneo por la masiva pérdida de sangre que conlleva a la pérdida de la conciencia. La evidencia científica indica que, después de la decapitación, se dispone de más o menos 13 segundos de conciencia. Este tiempo es la cantidad de fosfatos de alta energía que los citocromos en el cerebro disponen para mantenerlo sin oxígeno o glucosa.

La decapitación puede ser por hacha, guillotina, espada e inclusive debido a cierto tipo de accidentes. En Francia, tras la revolución, se utilizó para ejecutar a los condenados. En Japón, la decapitación se daba como la segunda parte del *Seppuku* o suicidio por desentrañamiento, para terminar con la agonía del suicida.

Los síntomas de aquellos que murieron a causa de una decapitación pueden ser muy parecidos a aquellos que murieron ahorcados, con la diferencia de que en estos casos la desconexión energética entre la cabeza y el resto del cuerpo podría sentirse con mayor intensidad. Estas son algunas frases que mis clientes, que tuvieron una muerte así, expresaron durante la entrevista previa a la sesión de hipnosis:

- "Me siento desconectado(a)".
- "No me siento presente".
- "Puedo pensar amor, pero no lo puedo sentir".
- "Tengo dificultad para tragar".
- "Siento debilidad en la zona del cuello".

Estas frases cobran mayor relevancia cuando la persona indica que no hay ninguna explicación lógica o médica para lo que están experimentando. Esto es lo que me hace sospechar que esas sensaciones pueden venir de otra experiencia, de otra vida. Sin siquiera darse cuenta, la persona me puede estar indicando la razón por la cual tiene estos síntomas.

Al igual que con el ahorcamiento, el objetivo de la sesión es permitirle al paciente reconectar la cabeza con el tronco, para así permitirle volver a sentir.

Suicidio

Debemos empezar explicando que, con el suicidio, lo que muere es el cuerpo y no el espíritu, y que es este espíritu sumido en una posible depresión y amargura el que continuará experimentando todo ello que experimentaba antes de quitarse la vida. En otras palabras, el suicidio no terminará con el sufrimiento que lo llevó a tomar esa decisión.

Lo que he podido notar en las sesiones es que, inclusive después de la muerte del cuerpo, el espíritu queda aún sumergido en la realidad virtual que él mismo creó, es decir, en su propia oscuridad. Es por eso que muchos se demoran en darse cuenta de lo que ha ocurrido y, por ese motivo, no llegan a ver la luz o a aquellos seres de luz que vienen en su ayuda. En el libro "Nuestro hogar" de Chico Xavier, podemos encontrar la descripción brindada por el espíritu de André Luiz sobre un lugar intermedio entre el plano terrenal y la luz en el cual se encuentran los espíritus que por alguna u otra razón se encuentran perdidos. André relata como él mismo fue acusado de suicida por haber incurrido en excesos que acabaron con el deterioro de su cuerpo.

En el "El libro de los espíritus" de Allan Kardec, podemos encontrar toda una sección sobre al hastío de la vida, el suicidio, del cual compartiré el siguiente segmento que nos dará una mejor explicación de lo explicado líneas arriba.

950. ¿Qué debemos pensar del que se quita la vida con la esperanza de llegar más pronto a otra mejor?

«¡Otra locura! Que haga bien y tendrá más seguridad de llegar; porque retarda su entrada en un mundo mejor, y él mismo pedirá volver a concluir esa vida que ha interrumpido en virtud de una idea falsa. Una falta, cualquiera que ella sea, no abre nunca el santuario de los elegidos»

Esto lo he podido confirmar a través de personas que en una vida pasada se habían suicidado. Lo primero que experimentaron fue estar en la oscuridad por tiempo prolongado y sin ver a nadie que viniera a ayudarlos. Algo más que noté es que las mismas lecciones que habían quedado pendientes fueron arrastradas a la vida actual, con la agravante de que esta vez parecían ser aún más complicadas y los retos mayores.

Aún recuerdo el caso de una joven de veinte años que me tocó en una de mis primeras sesiones de práctica, quien ya a su corta edad había tenido que enfrentar todo tipo de retos y contrariedades. Cuando regresó a la vida pasada donde todo esto se había originado para su alma, pudimos darnos cuenta que, siendo muy joven, experimentó la muerte de sus padres, lo que la llevó a sentir un gran vacío, soledad y una falta total de sentido por la vida. Esta situación hizo que se quitara la vida cortándose las venas.

Lo que aprendí desde muy temprano en mi práctica de la hipnosis es que, en realidad, no hay escape de las lecciones que debemos aprender. Ya sea que les demos la espalda, las evitemos o decidamos acabar con nuestra vida con la idea de dar por cerrada esa circunstancia, la verdad es que nada termina. Esas lecciones nos seguirán a otra vida, a otro cuerpo.

Otra cosa que pude notar fue que algunos de los que tenían tendencias suicidas en la vida actual era porque se habían suicidado en una vida anterior. Como me dijo mi maestro José Luis Cabouli, "la muerte no hace santo a nadie", es decir que la muerte no nos soluciona ningún problema.

Una persona que haya muerto bajo estas circunstancias en una vida pasada podría tener los siguientes síntomas:

- Tendencias suicidas.
- Falta de interés por la vida.
- La sensación de estar sumidos en la oscuridad.
- La sensación de estar confundidos o perdidos.
- La sensación de ser víctimas.

En fin, son muchos los padecimientos que se pueden presentar, pero es clave también conocer las frases que he escuchado de mis clientes durante la entrevista previa a una sesión: *"Me siento sumergido en una oscuridad total"*.

- "Siento que estoy perdido y no sé a dónde ir".
- "Quisiera que todo esto se acabe ya".
- "Yo no quería nacer".
- "Todo esto es demasiado para mí".

El campo de trigo

Zoe agendó una sesión de Introspective Hypnosis para trabajar varios síntomas, entre ellos una afección estomacal que no le permitía comer mucho, una alergia al trigo y un dolor inexplicable en la garganta que le producía tos frecuentemente. Ya en estado de trance hipnótico y luego de unos minutos de terapia, le pedí que buscara el siguiente evento trascendental en el que su alma necesitaba trabajar.

Antonio: Cinco, cuatro, tres, dos, uno. Ya estás ahí. En ese lugar, ¿es de día o de noche? ¿Qué está pasando y qué estás sintiendo?

Zoe: Creo que es de día.

A: ¿Qué está pasando?

Z: No lo sé. No veo nada.

A: No hay problema. No necesitas ver, solo siente tu cuerpo y tus emociones. ¿Qué es lo que estás experimentando?

Z: Siento mi cuerpo.

A: Muy bien. ¿Qué sientes en el cuerpo? ¿Hay alguna parte que se sienta diferente?

Z: Sí, dolor en mi garganta.

A: ¡Muy bien! Siente más profundamente ese dolor en la garganta. ¿Esa dolencia se siente como si le estuviera pasando qué a tu garganta?**Z**: Como si alguien estuviese ahorcándome.

A: Eso es. Siente más profundamente como si te estuviesen ahorcando. Voy a contar del tres al uno e irás al momento en el que te están ahorcando. Tres, dos, uno. Ya estás ahí. ¿Qué está ocurriendo?

Z: ¡No puedo respirar! —exclamó moviendo la cabeza de lado a lado y con expresión de dolor—. No puedo respirar.

A: ¿Qué está pasando? ¿Quién te está ahorcando?

Z: Mi hermana me está ahorcando.

A: ¿Qué edad tienes ahí?

Z: 20 años.

A: Y, ¿cuál es tu nombre?

Z: Mary —contestó, confirmando así que se trataba de un evento de una vida pasada.

A: ¿Por qué te está ahorcando tu hermana?

Z: Me está ahorcando porque hemos tenido una discusión. Tiene celos de mí.

A: Y, mientras te está ahorcando, ¿qué más está pasando?

Z: Le estoy diciendo que me deje ir, que suelte mi garganta —me dijo mientras se movía como tratando de soltarse de alguien—. Voy a morir.

A: Siente eso. Permítele a tu cuerpo vivir esa experiencia completamente. ¿Qué es lo que te está diciendo tu hermana?

Z: Me está diciendo que tiene celos de mí porque su novio está enamorado de mí. Tiene celos de mí y no quiere que viva.

A: Adelántate un poco más. ¿Qué sucede?

Z: No me quiere dejar ir. Me está ahorcando porque quiere matarme. ¡No puedo respirar! Huelo como a fuego. Siento olor a humo alrededor.

A: ¿Dónde crees que estás? ¿Qué lugar es ese?

Z: No lo sé. Estoy sobre el césped. Hay césped quemándose. Hay mucho césped en llamas y yo estoy ahí. Siento que me estoy sofocando.

A: ¿Tu hermana aún está contigo?

Z: No, ella se fue. Estoy sola y hay mucho humo alrededor. Estoy acostada en el césped y no puedo moverme porque no puedo respirar. Hay mucho césped o granos. Creo que es trigo. Hay trigo muy alto a mi alrededor.

Luego de esta conversación me fue fácil descifrar el origen de su dolor de garganta y tos en la vida actual y también de su alergia al trigo. Ahora tenía que averiguar qué más había acontecido en la vida de esa joven para que su alma haya quedado atrapada en esa experiencia provocándole síntomas a Zoe.

A: ¿Qué más está pasando?

Z: No puedo respirar —respondió con voz suave y agonizante.

A: Y, hasta aquí, ¿cuál dirías que ha sido el momento más difícil de esta experiencia?

Z: Cuando me estoy sofocando.

A: Muy bien. Voy a contar del tres al uno y, cuando llegue al uno, regresarás al momento en el que te estás sofocando. Permítele a tu cuerpo sentir todo más intensamente. Tres, dos, uno. Te estás sofocando ahora.

Z: ¡El humo está en mi garganta! ¡Me estoy ahogando!

A: Y, ¿cuáles son tus reacciones físicas mientras te estás sofocando?

Z: No puedo respirar. Estoy tosiendo tengo dificultad para respirar.

A: Y, mientras no puedes respirar, ¿cuáles son tus reacciones emocionales?

Z: Estoy triste.

A: ¿Cuáles son tus reacciones emocionales?

Z: Estoy triste con todo este humo alrededor —dijo lamentándose—. Y con el trigo tan alto y abundante no hay manera de salir. No puedo salir.

A: Mientras eso está sucediendo, ¿en qué estás pensando?

Z: Que estoy muriendo. Voy a morir porque no hay manera de salir de aquí. No puedo ver el camino. Solo veo el cielo, el césped y el humo en el césped.

A: ¿Cómo te está afectando todo esto en tu vida como Zoe cuando no puedes respirar, te sientes triste y piensas que vas a morir? ¿Todas esas sensaciones qué te hacen hacer?

Z: Mi vida me está ahorcando también. Siento que no puedo hablar, que no puedo hablar mi verdad. No puedo decir lo que pienso.

A: Y, cuando no puedes decir tu verdad, ¿qué te impide hacer?

Z: No quiero herir a las personas. No quiero decirles exactamente lo que pienso.

A: Ahora, quiero que vaya al momento en el que ese cuerpo muere. Siente ese fuego, el trigo y el humo. Ya estás ahí. ¿Qué está ocurriendo?

Z: Ya no puedo respirar —expresó tosiendo—. No hay más oxígeno.

A: Y, mientras no puedes respirar, ¿cómo se siente el estómago?

Z: El estómago y mi garganta están en llamas. Estoy acostada en el césped, en el humo y estoy muriendo. No puedo respirar. Me estoy sofocando —explicó con voz más suave.

Fue así como asistí a Zoe durante el proceso de fallecimiento de ese cuerpo, haciéndole las preguntas necesarias para que tomara conciencia de que ese cuerpo había muerto y que nada de eso le afectaría más.

El cuerpo de esa mujer había muerto por causa del incendio del campo de trigo, que había terminado sofocándola y haciéndole sentir ardor en la garganta y el estómago. Unos meses después de aquella sesión, me comuniqué con Zoe y me comentó que el síntoma había desaparecido por completo y que ahora podía comer alimentos que nunca antes había podido.

Lanzada desde un balcón

Sophia llegó a una sesión de Introspective Hypnosis para tratar algunas situaciones emocionales que estaba atravesando. Cuando la vi entrar a mi oficina, noté que caminaba lento y con mucho cuidado, como si no tuviese un buen balance.

Dentro de los problemas físicos que mencionó durante nuestra entrevista inicial, se encontraba un dolor de espalda crónico que había venido experimentando desde hace poco más de dos décadas años. Ese era el motivo por el cual tenía dificultad para andar y levantarse después de estar sentada por un tiempo. Había visitado a un doctor en algunas ocasiones, pero este no había encontrado nada que justificase lo que sentía. Sin embargo, el dolor seguía ahí.

Ya estando en trance, Sophia visitó una vida pasada en la que era una niña esclava afrodescendiente que, junto a su madre, trabajaba en la casa del dueño de una plantación. Fue a través de este hombre que experimentó todo tipo de abusos y estuvo expuesta a circunstancias muy tristes. Cuando le pedí que fuera a la siguiente escena clave de esa reencarnación, se dirigió a cuando ya era una joven casada que había sido liberada de la esclavitud.

Su esposo era alcohólico y la maltrataba constantemente. Mientras me relataba las discusiones que tenía con él y su agresividad, podía ver la expresión de terror en su rostro. Al preguntarle dónde estaba, me dijo que en un balcón o terraza.

Sophia: He caído de un balcón —me dijo con una expresión de dolor en el rostro.

Antonio: ¿Qué edad tienes ahí?

S: Treinta.

A: ¿Cómo pasó eso?

S: Alguien me empujó.

A: ¿Qué está pasando mientras te empujan?

S: Estoy gritando.

A: ¿Mientras caes?

S: Sí —respondió mientras gemía de dolor.

A: ¿Qué está ocurriendo?

S: Me golpeé con el suelo.

A: Y, mientras eso está sucediendo, ¿cuáles son tus reacciones físicas? ¿Qué le está pasando a tu cuerpo físico?

S: Está roto —contestó.

A: Y, mientras tu cuerpo está roto, ¿cuáles son tus reacciones emocionales en ese momento?

S: Ninguna.

A: Y, ¿cuáles son tus reacciones mentales mientras tu cuerpo está roto y no sientes emociones?

S: Voy a morir. Voy a morir.

A: ¿Cómo te afecta esto en tu vida como Sophia? ¿Todas estas sensaciones qué te hacen hacer?

S: Sentir dolor.

A: Y, ¿ese dolor qué te impide hacer en tu vida como Sophia?

S: Caminar. Me duele cuando camino.

Habíamos encontrado el origen de su dolor de espalda y de los problemas para caminar que tenía en su cuerpo actual. Ahora, debía ayudarla a cerrar ese capítulo, a liberar parte de esa energía que se había quedado atrapada en aquel suceso, al no haber procesado correctamente la muerte de su cuerpo.

A: Vemos cómo empieza esta experiencia. Voy a contar del tres al uno y quiero que vayas al momento en que te empujan. Fíjate quién te está empujando. Tres, dos, uno. Ya estás ahí. ¿Qué está pasando antes de que te empujen?

S: ¡Es mi esposo! —dijo sorprendida.

A: ¿Por qué te está empujando?

S: Está borracho —contestó mientras movía su cabeza de lado a lado.

A: Y, ¿qué más está ocurriendo?

S: Me dice que soy una buena para nada.

A: ¿Por qué te está diciendo eso?

S: Traté de preparar la cena, pero no pude. Estoy enferma.

A: ¿Tienes niños?

S: No.

A: ¿Qué está pasando ahora?

S: Estoy enferma —respondió a la misma vez que comenzaba a respirar de forma veloz— y él me sujeta.

A: ¿Qué sucede luego?

S: Me está sacudiendo.

A: ¿Qué es lo siguiente que pasa?

S: Me dice que no valgo nada. ¡Me está empujando! ¡Oh, Dios!

A: Voy a contar del tres al uno e irás nuevamente al instante en que te está empujando, pero esta vez permítele a tu cuerpo sentir todo lo que deba sentir para terminar con este hecho para siempre. Tres, dos, uno. Ya estás ahí. ¿Qué está ocurriendo?

S: ¡Oh, Dios! Estoy muriendo.

A: ¿Has caído al piso?

S: Sí.

A: Voy a contar del tres al uno y cuando llegue a uno, tocaré tu frente y sentirás el momento en que te golpeas con más intensidad. Tres, dos, uno. Siente eso.

S: ¡Oh, Dios! —dijo gritando y moviendo la cabeza de lado a lado—. Mi espalda me está matando.

A: Y, mientras tu espalda te está matando, ¿cómo se siente la columna?

S: ¡Me duele!

A: Y, mientras tu columna duele, ¿qué sienten tus pulmones?

S: Están colapsando.

A: Y, mientras eso está tomando lugar, ¿qué siente tu corazón?

S: Está ... está... —dijo. El dolor era tan severo que no pudo terminar la descripción de lo que sentía.

A: Y, mientras eso sucede, ¿qué está sintiendo tu cerebro?

S: ¡Está asustado!

A: ¿Cuál es el último pensamiento que tienes en ese cerebro?

S: ¡Él me mató!

A: Ahora, muévete al instante en que sales de tu cuerpo, entendiendo que, con la muerte de ese cuerpo, esta experiencia ha terminado para siempre y nada te va a afectar.

La sesión continuó unos minutos más mientras evaluábamos las lecciones que debía aprender en esa vida y visitaba otras buscando el origen de otras dolencias.

Al concluir la experiencia, le di unos minutos para que se reincorporara ya que esta había sido intensa y había trabajado varias de sus emociones. Cuando Sophia finalmente se recuperó, vi en su rostro una expresión de asombro y alegría a la vez. El dolor de espalda había desaparecido por completo.

S: ¡Mira! —me dijo—. Me puedo levantar sin dolor. Puedo ponerme los zapatos sin problemas. Llevaba veinte años con ese dolor y ya no lo tengo.

El alma de Sophia, al pasar por una situación emocional similar a la que experimentó en la vida de la joven lanzada por el balcón, no solo recordó lo que había acontecido en aquella vida sino que recreó el dolor que sufrió en ese cuerpo, provocándole por muchos años las dolencias que trajo a la sesión.

Al haber guiado a personas a regresar al origen de sus síntomas durante muchos años, puedo concluir dos cosas: la mayoría de los casos están asociados a la muerte del cuerpo en una vida anterior; y, al ayudar a revivir la experiencia permitiéndoles sentir lo que sintieron en ese momento, los síntomas desaparecen. Los hipnoterapeutas Aurelio Mejía y José Luis Cabouli han presenciado lo mismo en sus sesiones. Por eso, en los cursos que imparto, siempre les digo a mis alumnos que para sanar debemos sentir. La psicología mantiene el mismo concepto cuando se busca desensibilizar un trauma.

El marinero acosado

Joseph agendó una sesión de Introspective Hypnosis con la motivación de encontrar el origen de los síntomas que venía experimentando desde su infancia. Uno de ellos era la necesidad de arrancarse pedazos de piel, desorden conocido como dermatilomanía, y el otro era el insomnio que había sufrido desde que era muy pequeño. Además, le incomodaban mucho las marcas que tenía en el cuerpo, especialmente en el rostro, pues lo avergonzaban cuando se encontraba en su lugar de trabajo.

Durante la entrevista, mientras me contaba sobre su vida, traté de encontrar algún evento traumático que hubiese podido desencadenar estas condiciones, pero Joseph solo recordaba haber tenido una niñez feliz.

Ya estando en trance hipnótico, mientras seguíamos los síntomas que me había mencionado, llegó a un evento en su infancia en donde se encontraba con sus padres en el auto y él estaba dibujando algo en un papel. Como su padre vio que la tinta del bolígrafo le estaba manchando las manos y la ropa, le pidió a su madre que botara el papel por la ventana. Esto le había causado mucha tristeza y frustración, que en un momento de felicidad alguien le arrancara eso que le hacía feliz y lo botara. Joseph sintió que esto era injusto pues no estaba haciendo nada malo.

Esto de alguna manera fue un suceso que la hizo reaccionar a algo que había experimentado anteriormente, a algo que había experimentado en otra vida. Algo que para un adulto pudiese ser tan sencillo, para Joseph, siendo niño, fue algo que había despertado un recuerdo a nivel subconsciente.

Antonio: ¿Dónde sientes esa tristeza al ver el papel y el bolígrafo rodando en el piso?

Joseph: En el pecho —respondió llorando.

A: Y, ¿eso que sientes en el pecho como qué se siente, como si le estuviese pasando qué al pecho?

J: Más bien lo siento en la cabeza ahora. Siento como una presión.

A: ¿Como si le estuviese pasando qué a la cabeza? ¿Parecido a qué?

J: Como si la estuvieran apretando.

A: Eso es. Voy contar del tres al uno y vas a ir al primer momento que sientes esa presión en la cabeza. Tres, dos, uno. Si supieras, ¿dónde estás ahora mientras te presionan la cabeza?

J: Como en un barco. Soy un marinero y estoy discutiendo con alguien —dijo rompiendo en llanto.

A: Y, si supieras, ¿a qué se debe esta discusión?

J: No sé. Como diferencias.

A: Eso es, continúa. Siente todo lo que tienes que sentir.

J: Me están dando manotazos, como empezando una pelea.

A: Eso es, un poco más. Continúa.

J: Siento que estoy defendiendo algo.

A: Lo primero que llegue a tu mente. Si supieras, ¿qué es eso que estás defendiendo?

J: ¡Es por algo injusto!

Esto era exactamente lo que había sentido cuando sus padres arrojaron su dibujo por la ventana del auto.

A: ¿Qué es eso que estás defendiendo? Dime lo primero que llegue a tu mente.

J: Mi dignidad.

A: Eso es. Y, hasta aquí, ¿cuál ha sido el momento más difícil de esa experiencia en el barco?

J: Proteger mi vida.

A: Y, en ese momento en el que estás protegiendo tu vida, ¿cuáles son tus reacciones físicas?

J: La urgencia de proteger mi espacio, que no invadan mi espacio. Quiero evitar que me pisoteen, que me maltraten.

A: Y, en ese instante, ¿cuáles son tus reacciones emocionales?

J: Ira, pero no es una ira de odio, sino de que me pisotean.

A: Y, cuando sientes esa ira, ¿cuáles son tus reacciones mentales?

J: Gritar, levantar mi voz, decir "hasta aquí" y que esto no lo voy a permitir.

A: Ahora quiero que veas cómo todo esto de "tengo urgencia de proteger mi espacio, mi dignidad, de que no me pisoteen, que no me maltraten, sentir ira, querer gritar, levantar mi voz y decir 'hasta aquí'", está afectando tu vida como Joseph. ¿Qué te hace hacer en tu vida como Joseph?

J: Me encierro en mi hogar, pero también tengo mucho miedo de gritar y reclamar mi dignidad. Muchas veces callo. Es algo que quisiera hacer en mi trabajo —dijo refiriéndos a su vida presente—, pero siento que me pisotean.

A: Y, ¿esto qué te impide hacer?

J: Hablar, tomar decisiones.

A: Ahora, voy a contar del tres al uno y quiero que vayas al siguiente evento importante en ese barco, en la vida de ese marinero que se está defendiendo. Permite que tu cuerpo sienta todo lo que tenga que sentir para completa esta experiencia. Tres, dos, uno. Si supieras, ¿qué está pasando ahora?

J: Yo quiero hacer mi trabajo y no me dejan. Me invaden, me molestan, no me quieren. Yo no me meto con nadie y sigo haciendo mi trabajo —relató llorando.

A: ¿Qué es lo que te dicen? Repite lo que te dicen cuando se meten contigo.

J: No puedo precisar, pero me señalan mucho y se burlan.

A: ¿Qué sientes cuando te señalan y se burlan?

J: Siento que quiero ignorarlos y continuar con mi trabajo, pero me están colmando la paciencia.

A: Adelántate un poco más a ver qué sucede. Tres, dos, uno. ¿Qué está pasando ahora?

J: Conspiran y hablan entre ellos. Se juntan, están bien juntos, y no me quieren allí. ¿Por qué no me quieren? No lo sé, no lo puedo precisar. Ni siquiera él puede precisar por qué está ahí.

A: Eso es. Sigue.

J: Él no lo entiende —dijo entre lágrimas—. No hay escapatoria porque estamos en el medio del mar. Me muevo a otro lado y están ahí. No los puedo dejar de ver. Busco mi espacio, busco estar solo y no puedo. Lo disfruto por poco tiempo. Son dos, específicamente dos que están pegados, que parece como si fuesen uno —continuó cubriéndose el rostro con las manos—. Son viejos, tienen pelo largo.

A: Adelántate al siguiente acontecimiento importante. Tres, dos, uno. Ya estás ahí. Si supieras, ¿qué está pasando ahora?

J: Estoy como en una cabina en ese barco de madera, viejo. Estoy en un espacio amplio y estoy sentado. Ellos están en la puerta. Es un acoso. Se quedan ahí en la puerta. Yo simplemente estoy sentado y los miro, pero no hay palabras. Es una forma de acosar.

A: Voy a contar del tres al uno y quiero que te adelantes al momento en que sucede algo. Tres, dos, uno. Ya estás ahí. ¿Qué está sucediendo?

J: Me muevo a la parte del frente del barco, tomo como un arma de fuego que estaba ahí, la agarro, les apunto y le disparo a uno, al que estaba a la izquierda.

A: Y, ¿qué sucede ahora?

J: No sé, como que no lo percibo.

A: Quiero que te muevas al último momento de esa vida, a ver cómo acaba. Tres, dos, uno. Ya estás ahí.

J: ¡Me tiré del barco! Solté el arma y me tiré.

A: Y, ¿qué pasa ahora que estás en el agua?

J: Estoy nadando, manteniéndome a flote, viendo el barco que pasa por frente mío. A pesar de que me tiré, tengo una sensación de liberación. A pesar de que me tiré al mar abierto y lo que me espera es la muerte, me siento libre porque estoy en el mar y no hay nada alrededor. Me quemo por el sol —contó llorando.

A: ¿Qué pasa con tu cuerpo cuando lo quema el sol?

J: ¡Mi cara!

A: Eso es. ¿Qué le ocurre a tu cara?

J: La empiezo a sentir caliente y tostada. Me quema la piel. Ahí me quedo y ahí morí —relató llorando desconsoladamente.

A: Y, hasta aquí, ¿cuál ha sido el momento más difícil de esa experiencia en el mar?

J: Tolerar lo físico porque, emocionalmente, no estaba afectado porque me había liberado, porque había tomado una decisión.

A: Y, en este momento en que toleras lo físico, ¿cuáles son tus reacciones físicas ahí?

J: Solamente veo mi cara. Estoy viéndome desde arriba, mirando hacia el cielo, buscando aire. Siento el cuerpo, del cuello para abajo, como si estuviera flotando. Mi cuerpo está sumergido en el agua, solamente está mi cara mirando hacia arriba, buscando no hundirme.

A: Y, en ese momento, ¿cuáles son tus reacciones emocionales?

J: No hay muchas emociones, simplemente tengo la sensación de ser libre, de no estar en ese lugar, es más allá de lo que está pasando físicamente, de estar en un lugar donde la muerte es segura. Es cuestión de días, pero valió la pena.

A: Y, en ese momento, ¿cuáles son tus reacciones mentales?

J: Simplemente valió la pena.

A: Ahora quiero que veas cómo todo esto de no sentir del cuello para abajo, de no tener alguna emoción, solamente el ser libre y que valió la pena, está afectando tu vida como Joseph. ¿Todo esto qué te hace hacer?

J: Ese barco es mi trabajo —respondió refiriéndose a su trabajo en esta vida— y tengo miedo de tomar esa decisión y sigo aguantando.

A: ¿Qué decisión es esa?

J: Irme, tirarme de ese barco. Me mantengo en ese escenario donde me siguen y me acosan.

A: Y, ¿este miedo de tomar decisiones, el escenario de que te siguen y te acosan, qué te impide hacer en tu vida como Joseph?

J: Me impide ser libre, me quita mi descanso. Tengo que tomar medicamentos para poder descansar. Estoy lacerado, me laceran mi autoestima.

La sesión continuó por unos minutos más. Ayudamos al marinero a completar todo aquello que no había podido hacer en esa vida, a tomar conciencia de todo lo que había sucedido mientras su cuerpo moría. Le pedí que le hablara a esos hombres que lo habían acosado para que le devolvieran su energía, su paz y su sueño, pues también estaba perjudicando la vida de Joseph, manifestándose en insomnio.

También pudimos encontrar la relación con sus problemas en la piel de su vida actual con las heridas creadas por el sol mientras su cuerpo flotaba. Cuando le pedí que visitara el evento de esa muerte una vez más, pudo notar que, mientras el cuerpo flotaba, había una desconexión de la cabeza con el resto del cuerpo.

Por último, podemos ver cómo esta muerte a la que podríamos considerar un suicidio como resultado de una situación de extremo estrés y de supervivencia, no había solucionado nada. El marinero tomó esta decisión para escapar de la situación en la que se encontraba. Él mismo dijo que, a pesar de que sabía que lo que le esperaba era la muerte, ansiaba su libertad. En la vida actual, Joseph estaba experimentando una situación similar al relacionar su empleo con el barco y al mismo acoso que sufría hoy con el que sufrió en la vida del marinero.

La muerte no había solucionado nada, pues lo que muere es el cuerpo físico, pero es el alma la que continúa con las lecciones inconclusas. Es esta la que se queda atrapada en esa experiencia, haciendo que se sienta en el cuerpo actual todo aquello que se sintió en ese entonces.

Quizás los síntomas del marinero detonaron en Joseph durante el evento con sus padres en el auto, aquel en el que se sintió pisoteado, invadido e invalidado.

La mujer dormida dentro del ataúd

Durante el taller de Atrapamiento y Recuperación del Alma que dicté a inicios del 2021, Galina, asistente al taller y practicante de Introspective Hypnosis, salió sorteada para una de las tres sesiones de demostración de la terapia de vidas pasadas. Durante la corta entrevista que tuvimos antes de comenzar la sesión, le pregunté qué creía que su alma necesitaba sanar ese día. Su respuesta fue: "lograr que la gente entienda mi mensaje, pues siempre soy malinterpretada. Por ejemplo, cuando estoy en la oficina de mi doctor y le trato de explicar que me siento muerta por dentro, me contesta que me veo normal. No puedo lograr que la gente me escuche", narró entre lágrimas.

Este es uno de los típicos casos en los que los síntomas no tienen una explicación lógica. Incluso, los doctores le dijeron que no habían encontrado nada y que lo que ella percibía provenía de su cabeza. Esto último hacía sentir a Galina triste y condenada a vivir con aquella sensación.

A continuación, comparto parte del diálogo de la sesión:

Antonio: Quiero que vayas a uno de esos momentos en los que estás tratando de enviar tu mensaje y la gente no entiende lo que les estás tratando de decir porque te sientes muerta por dentro. ¿Qué está pasando en ese recuerdo?

G: Estoy en el consultorio del doctor y me duele todo el cuerpo. Mis músculos duelen y he comenzado a subir de peso y no puedo entender lo que me está ocurriendo. Me estoy quedando dormida —me contó mientras lloraba—. Solo me quedo dormida. Estoy tan débil que no puedo moverme por mi apartamento. Me duele todo el cuerpo.

A: Siente eso en tu cuerpo. Siente que te duele el cuerpo.

G: Duermo todo el día. No tengo energía. Los doctores dicen que eso está en mi cabeza, pero no es así. Algo anda mal. Tengo que gatear en mi apartamento y no me puedo levantar de la cama. Empecé a tener sarpullidos y me pica todo el cuerpo. Siento como si todo el cuerpo se estuviese dando por vencido. ¡Algo está mal!

A: Entonces, ahora quiero que sientas tu cuerpo cansado, que sientas tu cuerpo débil. Siente que te estás quedando dormida, que te duele. Y, mientras te enfocas en eso, ¿qué estás sintiendo en tu cuerpo en estos momentos?

G: ¡Estoy en un ataúd! —exclamó con voz de desesperación y pánico—. ¡Déjenme salir! ¡Déjenme salir! ¡Estoy viva!

A: Continúa...

G: ¡No puedo respirar! ¡Déjenme salir! ¡Quiero vivir!

Al seguir los síntomas y al hacerle preguntas sobre ellos pidiéndole que los sintiera más intensamente, habíamos creado un puente entre la vida actual y la experiencia en la que su alma estaba atrapada. Galina había regresado a una vida pasada en la que, al parecer, había sido enterrada viva. Ahora, tocaba averiguar lo que había pasado para ayudar a su alma a acabar con ese atrapamiento.

A: Continúa un poco más. ¿Qué sucede a continuación?

G: Creo que he muerto. Ya puedo respirar.

A: Voy a contar del tres al uno y quiero que vayas al comienzo de esta experiencia para entender cómo empieza. Antes de llegar a ese ataúd, inclusive antes de eso. Tres, dos, uno. Ya estás ahí. ¿Cómo inicia esta experiencia?

G: Escucho los clavos. Están cerrando el ataúd. Los puedo escuchar, pero no digo nada. Quizás estoy dormida.

A: Continúa.

G: Es como estar en un sueño y luego despertar. Tengo tanto sueño. ¿Me quedé dormida y pensaron que morí? No lo sé.

A: No importa. Continúa...

G: Siento que el ataúd se está moviendo. Se mueve hacia abajo, pero siento como si estuviera durmiendo, como si me estuvieran meciendo.

A: ¿Tu cuerpo es de hombre o de mujer?

G: No lo sé.

A: No importa. Continúa...

G: El ataúd está bajando y siento que se está meciendo. Eso me hace dormir y se siente bien. No entiendo dónde estoy.

A: Continúa...

G: Se detiene. Deja de moverse.

A: Continúa un poco más.

G: Comienzo a sentir la falta de oxígeno. Estoy temblando. Creo que hace frío, mucho frío —describió rompiendo en llanto—. ¡Hace tanto frío y está oscuro! ¡Déjenme salir! ¡No quiero morir!

A: Hasta aquí, ¿cuál ha sido el momento más difícil de esta experiencia?

G: Cuando no me escuchan —respondió haciendo referencia al síntoma que había mencionado durante la entrevista.

A: Y, mientras no te escuchan, ¿cuáles son tus reacciones físicas?

G: Hace frío, tanto frío.

A: Y, mientras sientes frío, ¿cuáles son tus reacciones emocionales?

G: ¡No quiero morir!

A: Y, mientras sientes frío y no quieres morir, ¿cuáles son tus reacciones mentales?

G: ¡No puedo respirar!

A: Ahora, quiero que veas cómo todo esto está perjudicando tu vida como Galina. Cuando sientes frío, cuando no quieres morir, cuando no puedes respirar y no te pueden oír, ¿qué te hace hacer en tu vida como Galina?

G: Tengo problemas con mis tiroides. Mis extremidades están frías todo el tiempo.

A: Y, ¿esto qué te impide hacer?

G: No lo sé —contestó con un tono de voz muy bajo, como si se estuviese quedando dormida.

A: Voy a contar del tres al uno y quiero que vayas al inicio de todo esto. ¿Cómo comienza todo esto, incluso antes de que algo te sucediera? Permítele a tu cuerpo experimentar todo lo que tiene que experimentar y a tu alma permítele que haga todo lo que necesite hacer para acabar con esta experiencia para siempre. Tres, dos, uno. Ya estás ahí. ¿Cómo empieza todo esto?

G: Soy una mujer y tengo esposo y niños. Me siento feliz, pues poseo mucho amor y cariño. Yo los amo y ellos a mí.

A: Continúa. ¿Qué más está aconteciendo?

G: Creo que tengo una enfermedad, pero no sé de qué tipo. Me siento débil a veces y me recuesto para ganar fortaleza —dijo con dificultad para respirar.

A: Un poco más. ¿Qué sucede a continuación?

G: Ellos me cuidan. Mis hijos y mi esposo están preocupados porque sucede todo el tiempo. Me recuesto y duermo, luego recobro fuerzas y estoy bien. ¡Ellos me aman tanto!

A: Continúa. Adelántate un poco más hasta el momento en que algo pasa. Tres, dos, uno. Ya estás ahí.

G: Me quedé dormida. Estoy cansada, muy cansada. Soy joven, pero mi cuerpo se encuentra tan agotado que me quedo dormida.

A: Muy bien, solo duerme. Ahora, adelántate al momento en el que despiertas. Tres, dos, uno.

G: ¡Estoy en el ataúd! —vociferó temblando y llorando desesperadamente.

Hasta ahí habíamos podido averiguar cómo esa joven había terminado enterrada viva, producto de una rara enfermedad que la hacía sentir muy débil obligándola a dormir. Cuando le pedí que se adelantara al momento en que despertaba, ya se encontraba en el ataúd. Esto solo nos puede hacer suponer que su familia pensó que había muerto y por eso la había enterrado.

Lo que nos quedaba pendiente ahora era ayudar a su alma a tomar conciencia de esa muerte para así acabar con su atrapamiento y los síntomas.

A: Permite que tu cuerpo sienta todo con más intensidad. Escucha los clavos.

G: ¿Por qué? ¡Estoy viva!

A: ¿Qué están sintiendo tus piernas mientras eso está sucediendo?

G: ¡Tengo tanto frío!

A: Siente tus brazos. ¿Qué están sintiendo? Siente tu pecho y tus pulmones. ¿Qué están sintiendo los pulmones?

G: ¡Tengo mucho frío! —exclamó llorando, temblando y frotándose las manos—. ¡No quiero morir!

A: Siente la garganta. ¿Qué está sintiendo la garganta? ¿Qué siente el corazón?

G: ¡No quiero morir! Estoy jadeando. Mi corazón está latiendo muy rápido. ¡Quiero vivir!

A: ¿Cuál es el último pensamiento que logras tener en ese cerebro?

G: No me escucharon.

A: Cuando estés lista, deja que ese cuerpo muera. Deja ese cuerpo entendiendo que, con la muerte de este, esa experiencia acabó para siempre y nada de eso te pertenece ya. Ahora, háblale a tu familia. ¿Qué quieres decirles?

G: Los amo tanto. Lamento haberme ido, pero estaba tan cansada. Ustedes no sabían. No es su culpa. Los perdono y no se culpen por mi muerte.

A continuación, le pedí a la joven que recogiera su energía de ese cuerpo, que la uniera a su alma llevándola a la luz. Habíamos resuelto el misterio de sus síntomas. Su alma había quedado atrapada en esa vida en donde fue enterrada viva, en la cual no pudo procesar su muerte completa y correctamente por la desesperación de hacerse oír para que la sacaran del ataúd porque estaba viva.

Unos días después contacté a Galina para hacerle un seguimiento y que me comunicara cómo se había sentido después de la sesión. Me dijo que, durante el momento de la entrevista, me habló de los síntomas que había tenido en el 2013, sin saber por qué lo hacía. Estos síntomas no los tenía en la actualidad. ¿Cómo era posible esto?

Parece ser que Galina ya se encontraba en plena regresión mientras le estaba haciendo esa pregunta. Su alma, que no entiende de tiempo, la había regresado a ese recuerdo en el 2013 porque sabía que había algo pendiente. Fue ese recuerdo el que desencadenó lo que aconteció en el resto de su sesión.

Galina me contó que ahora contaba con más energía y que incluso la temperatura de su cuerpo había cambiado porque ya no tenía sus extremidades frías.

Este es un fragmento del mensaje que me escribió:

"Antonio, has abierto algo en mí. ¡Has sido capaz de tocarme literalmente el alma! No tengo otra explicación. ¡Es hermoso! ¡Es poderoso! ¡Es la curación del alma! ¡Fue simplemente mágico y te doy las gracias por ello desde el fondo de mi corazón!

La sensación de que la gente ya no me escucha desapareció. Mis manos y dedos de los pies ya no se sienten congelados".

La sirvienta inocente

Martha llegó a mi oficina con el deseo de experimentar una regresión a vidas pasadas. Durante nuestro diálogo inicial me comentó sobre un fastidio que tenía en el cuello desde que tenía uso de razón. La molestia era tan grande que no le permitía usar nada alrededor del cuello.

Inmediatamente, la descripción de su síntoma me hizo sospechar que venía de otro cuerpo, pero no se lo mencioné ya que esto podría ponerla nerviosa perjudicando el proceso.

Durante la regresión hipnótica fui haciendo que, poco a poco, vuelva en el tiempo hasta una edad más joven, para luego pasar a su infancia y de ahí al tiempo en el que estuvo en el vientre materno, etapa de la cual obtuvimos mucha información y respuestas. Paso seguido, le di instrucciones para que visualice una especie de túnel en el tiempo, el cual atravesó mientras yo contaba. Al final de este proceso, Martha ya se encontraba en otra vida.

Antonio: Mírate los pies y dime qué estás usando.

Martha: Unos zapatos negros con correas, como de una niña.

A: Muy bien. Ahora, fíjate qué estas vistiendo.

M: Un vestido, un mandil y tengo unas medias blancas.

A: ¿De qué color es tu piel?

M: Blanca.

A: ¿De qué color es tu pelo?

M: Rubio.

A: ¿El cuerpo es joven o adulto? ¿Es de hombre o de mujer?

M: Joven. De mujer.

A: Fíjate si tienes algún adorno en los brazos o en la cabeza.

M: En la cabeza tengo algo. Creo que es un gorro.

A: ¿De qué color es?

M: Blanco.

A: ¿Y tu mandil?

M: Blanco.

A: Mira a tu alrededor. ¿Qué ves?

M: Mucha gente. Es como una época antigua, de vestidos largos y sombreros.

A: ¿Cómo te sientes ahí?

M: Con miedo.

A: ¿Por qué tienes miedo?

M: No sé —respondió tímidamente—, pero tengo miedo.

A: Sigue caminando y dime todo lo que ves a tu alrededor.

M: Es una plaza con mucha gente alrededor, como si estuviesen viendo algo. Yo estoy ahí caminando. Veo algo hecho de madera.

A: Y, eso de madera, ¿cómo se ve? ¿La gente está alrededor de eso de madera?

M: Sí. Es como cuando van a sacrificar o colgar a alguien.

Hasta este punto, Martha no tenía idea de lo que estaba viendo, pero yo ya sospechaba lo que iba a suceder y lo que ella estaba a punto de experimentar.

A: ¿Ves a alguien en eso de madera o no?

M: Hay dos personas. Son dos hombres.

A: Presta atención. ¿Qué dice la gente?

M: Pobrecita, ella no merece eso —contestó mientras comenzaba a llorar, como si ya estuviera dándose cuenta de lo que sucedía.

A: Y, ¿cómo te sientes al ver eso?

M: Asustada —dijo llorando profundamente mientras su respiración se agitaba—. ¡Tengo mucho miedo!

A: ¿Te van a hacer algo a ti o es a alguien más?

M: A mí —dijo sorprendida y llorando.

A: ¿Tú has hecho algo para que te hagan eso?

M: ¡No, no he hecho nada!

A: ¿De qué te acusan?

M: ¡No sé!

A: Vamos a averiguarlo. Vamos a retroceder al momento en que te agarran o te acusan.

Cuando Martha retrocedió al momento en que era detenida, me contó que se encontraba en una casa grande y que una señora con vestido negro la estaba acusando de algo. Cuando le solicité que mirara a esa mujer a los ojos y me dijera si había visto esos ojos en su vida actual, me respondió llorando que eran los de su cuñada, con quien casualmente había tenido muchos problemas.

La mujer la había acusado de robarle joyas cuando en realidad no lo había hecho. Martha trabajaba de criada en esa casa y su nombre en esa vida era María y, en ese momento, tenía diecisiete años. María (Martha) me comentó que, cuando alguien era acusado lo condenaban a la horca, y, en este caso, la señora era muy poderosa.

Le pedí a María que viajara un poco más adelante. Cuando lo hizo, me comenzó a relatar que un hombre con la cara cubierta la apresó y se la llevaron con las manos atadas, informándole que la iban a colgar.

A: Adelántate hasta el momento que están en la estructura de madera. ¿Qué van a hacer ahí?

M: Me están poniendo la soga al cuello. Tengo mucho miedo. La gente llora mucho porque soy joven. Me cuelgan y me dejan sola ahí —relató llorando desconsoladamente.

A: Muévete al momento en que sales del cuerpo. Ya no hay sufrimiento. Ahora, que estás fuera del cuerpo, ¿qué ves abajo? ¿Estás flotando?

M: Sí, veo a la gente reunida que camina, pero yo estoy tranquila. No siento dolor, ni miedo.

A: ¿Te das cuenta que la muerte es una ilusión? Ahora, si hacemos un balance de esa vida que ha terminado, ¿qué piensas que debías aprender en ella?

M: A defenderme, a ser más fuerte.

A: Y, ¿piensas que pasaste la prueba?

M: No.

A: Te hago otra pregunta. ¿Por casualidad debías aprender sobre el perdón?

M: Sí.

A: ¿Perdonaste?

M: No.

María no había perdonado a los que la habían acusado y matado injustamente. Es más, al ser ahorcada sintiendo miedo y rabia, no pudo procesar la muerte de ese cuerpo correctamente, sin sentir totalmente esa experiencia a nivel físico, emocional y mental. Es por eso que su alma se quedó aprisionada en ese evento, sintiendo esa muerte una y otra vez.

El corazón de la sanadora

En setiembre del 2020 invité a Victoria a una de las reuniones de tutoría con practicantes que llevaron el curso de Introspective Hypnosis. En esa ocasión quise hacer una demostración utilizando a Victoria como voluntaria. Yo sabía que había tenido una conversación con su familia sobre su don de médium, la cual la había dejado muy afectada, y sabía que esta sería una oportunidad idónea para que ella pudiese sanar.

Otra de las enseñanzas que quise brindar ese día fue la de que no era necesaria una inducción hipnótica para llevar a una persona a un estado expandido de conciencia. Este abordaje en las sesiones es el que genera gran asombro en todo aquel que asiste a los talleres que brindo sobre la Terapia de vidas pasadas y El atrapamiento del alma. Yo también reaccioné igual al asistir a uno de los talleres de José Luis Cabouli.

¿Cómo es posible que alguien entre en trance sin una inducción? Primero, debemos recordar que, cuando la persona trae un síntoma que no tiene una explicación lógica o médica, asumimos que proviene de una experiencia traumática excluida de la mente consciente. Es decir, que no nos acordamos de ella. La vivencia traumática puede haber tomado lugar hace unos meses, en la infancia, en el vientre materno o incluso en una vida pasada. Lo único consciente para la persona es el síntoma, que vendría a ser la punta de un iceberg, mientras que el suceso traumático se halla oculto en la base.

Ahora bien, si el síntoma proviene de una experiencia del pasado, entonces el pasado no es pasado, sino que está aquí y ahora en forma de ese síntoma. Es por eso que definimos el trabajo terapéutico como ayudar a la persona a hacer consciente lo que es inconsciente, siguiendo el síntoma y haciendo las preguntas necesarias para que se dirijan a la experiencia traumática que lo originó. Ya dijimos que el alma no entiende de tiempo, entonces podríamos decir que la persona está aquí (en el presente), pero también está en la experiencia traumática (en lo que llamamos pasado). Es por eso que, en la sesión, se puede construir una especie de puente que los lleve al origen del síntoma. Durante este proceso ayudamos a la persona a entrar en un estado expandido de conciencia, también llamado trance.

Pero, ¿cómo es posible entrar en estado de trance sin la necesidad de una inducción? Cuando a la persona se le enseña a sentir el síntoma que lleva en el cuerpo, pidiendo que describan esa sensación, dolor o molestia, para luego pedirles que lo asemejen a algo conocido, es en ese momento que comienza a acceder a la información que tiene en el subconsciente, logrando así el acceso a la experiencia que lo originó. Mientras más se ayuda a la persona a hacer consciente lo que se siente en el cuerpo, más profundo será el trabajo terapéutico y por ende más profundo será el trance hipnótico y el resultado.

En realidad, cuando una persona está con los ojos cerrados visitando los recuerdos del pasado, ya está en regresión. Entendamos que el trance es progresivo, es decir, que conforme sigamos haciéndole preguntas a la persona sobre esa experiencia, esta irá entrando en trance hipnótico gradualmente sin siquiera darse cuenta, desasociándose del aquí y ahora.

A continuación, relataré la conversación que tuve con Victoria durante su sesión:

Antonio: Recuerda esa conversación con ellos. Y, mientras la recuerdas, dime qué estás sintiendo.

Victoria: Herida, tristeza.

A: Y, mientras te sientes herida y triste, ¿en qué parte del cuerpo experimentas eso?

V: En mi corazón —respondió entre lágrimas.

A: Muy bien, siente eso. Permítete sentir ese dolor y esa tristeza en tu corazón. Y, cuéntame, ¿eso que sientes en el corazón se siente igual a qué? ¿Qué tipo de sensación es esta?

V: Como que mi corazón estuviese a punto de detenerse.

A: Vamos a intensificar eso ahora. Uno, hazlo más intenso ahora. Dos, más intenso. Tres, más intenso aún. Ahora, voy a contar del tres al uno e irás al instante en el que sientes que tu corazón está a punto de detenerse. Tres, dos, uno. Ya estás ahí.

Victoria se dirigió a ese momento mientras su cuerpo se arqueaba al no poder respirar con normalidad, como si estuviese a punto de tener un paro cardíaco.

A: ¿Qué está pasando ahora? Si supieras, aunque pienses que lo estás imaginando, ¿dónde estás? ¿Qué está ocurriendo?

V: Puedo sentir el latido de mi corazón.

A: En ese lugar en el que estás, ¿tienes el cuerpo de un hombre o de una mujer?

V: De una mujer.

A: ¿Joven o mayor?

V: Edad media.

A: ¿Qué lugar es ese?

V: Parece ser un bosque. Estoy de pie.

A: ¿Por qué tu corazón se siente de esta manera?

V: No lo sé, estaba caminando buscando algo y comencé a tener dolor, como si una aguja estuviese entrando en mi corazón, en mi pecho. Se siente pesado.

A: ¿Qué es lo que haces en ese momento?

V: Trato de sentarme y de pedir ayuda, pero no creo que me puedan oír.

A: Adelántate un poco más. ¿Qué más está aconteciendo?

V: Estoy acostada mirando al cielo y siento que este es el fin, pero no me quiero ir.

A: ¿Por qué no te quieres ir?

V: ¡Mis hijos! —exclamó llorando.

A: ¿Cuántos hijos tienes?

V: Tres.

A: ¿Qué más está sucediendo?

V: No lo sé.

A: Adelántate y mira qué pasa.

V: Veo a alguien acercándose, pero no creo que sea una persona. Es una luz, una luz muy intensa.

A: Vamos a pedirle a esa luz que espere un momento por ti. Hasta aquí, ¿cuál ha sido el momento más difícil de esta experiencia?

V: Dejarme ir, soltar.

A: Voy a contar del tres a uno y vamos a ver cómo inicia todo esto. Quiero que vayas al momento antes de que fueras al bosque. Al momento en que esta experiencia empieza. Tres, dos, uno. Ya está ahí. ¿Dónde estás ahora?

V: Estoy en casa con mis hijos. Me estoy alistando para salir y les estoy pidiendo que se mantengan callados y que se comporten. Estoy alistando mi canasta con medicinas. Estoy caminando hacia la puerta.

A: Antes de que salgas por esa puerta, quiero que veas a esos niños a los ojos y que me digas si los has visto en algún otro lugar.

V: Es mi abuela —me dijo llorando de emoción—. También mi sobrino y mi madre.

A: ¿Qué sucede después de haber estado a punto de salir?

V: Mi corazón se siente muy pesado, pero sé que tengo que ir a encontrarme con alguien que necesita mi ayuda.

A: ¿Cómo ayudas a las personas?

V: Las sano con cosas que preparo de la naturaleza. También con mis manos.

A: ¿Qué hay en tus manos?

V: Es una energía hermosa y poderosa que siento cada vez que voy a ayudar a alguien.

A: Muy bien, continúa. Vas a ayudar a esta persona y, ¿qué sucede?

V: Estoy caminando y puedo escuchar la naturaleza. Mi garganta está seca. Mientras trato de tomar agua, siento un dolor muy fuerte en mi corazón, como si estuviese siendo apuñalada.

A: Permítete sentir eso aún más. ¿Qué sucede ahora?

V: Estoy tratando de masajear mi pecho —indicó con dificultad para respirar—. Estoy tratando de ver si puedo ayudarme a mí misma.

A: Y, mientras eso ocurre, ¿cuáles son tus reacciones físicas?

V: Mi brazo y mis manos se están adormeciendo.

A: Y, ¿cuáles son tus reacciones emocionales?

V: Me siento ansiosa.

A: Y, mientras te sientes ansiosa ahí, ¿cuáles son tus reacciones mentales?

V: Tristeza y dudas.

A: ¿Cómo te está afectando todo esto en tu vida como Victoria? Mientras sientes tus brazos y manos adormecerse, experimentas ansiedad y piensas sobre esa tristeza y esas dudas, ¿qué te hace todo eso hacer en tu vida como Victoria?

V: Tengo ataques de pánico y dudo de mí misma demasiado.

A: Y, todo esto, ¿qué te impide hacer?

V: Ser quien debo ser al cien por ciento.

A: Voy a contar del tres a uno y, cuando llegue a uno, vas a sentir tu corazón detenerse. Permite que tu cuerpo viva de nuevo esta experiencia. Uno, dos, tres. Ya está ahí. ¿Qué estás sintiendo?

V: No puedo respirar —contestó mientras su cuerpo se arqueaba dando señales de tener un gran dolor en el pecho.

A: ¿Qué es lo que sienten los pulmones?

V: Se sienten atorados, oprimidos.

A: ¿Cómo se siente la garganta?

V: Muy seca.

A: ¿Cuál es el último pensamiento que llegas a tener en ese cerebro?

V: ¿Por qué estoy dejando a mis hijos solos? —dijo llorando desconsoladamente.

A: Y, cuando te preguntas por qué estás dejando a tus hijos solos, ¿qué te hace hacer esto en la vida de Victoria?

V: Ser sobreprotectora.

A: Y, ¿esto qué te impide hacer?

V: Permitir que mis hijos tomen sus propias decisiones —contestó llorando más profundamente aún.

A: Eso es, muy bien. Muévete al momento en que tu cuerpo fallece. Permite que tu cuerpo muera, entendiendo que con la muerte de ese cuerpo esa experiencia acabó para siempre y nada de esto te va a perjudicar ya.

Mientras flotas ahí, quiero que vayas y busques a tus hijos. Explícales lo que pasó, que es tu tiempo de partir, que van a estar bien y que tú los vas a estar cuidando. Diles lo que quieras decirles.

V: Es mi tiempo de partir, pero los amo tanto. Estarán bien porque mamá los estará cuidando todos los días. Los ayudaré a ser quienes en realidad son. Los amo.

A: Y, mientras te despides de ellos, ¿qué piensas que debías aprender en esa vida?

V: Que no tengo el control, sobretodo de lo que pasa alrededor mío.

A: ¿Aprendiste esa lección?

V: No lo creo.

A: ¿Qué sucede cuando uno no aprende una lección?

V: La tengo que repetir.

A: Entonces, vas a regresar como Victoria. ¿Cómo va a enfrentar ella la misma situación? ¿A través de quién?

V: A través de los miembros de su familia.

A: Entonces, ¿qué le puedes decir acerca de eso? Porque, al parecer, aún le está afectando.

V: Está bien. No tienes que tener el control de todo y todo el tiempo. Lo que piensen de ti no te hace ser quien en realidad eres.

Fue así como el espíritu de Victoria, al desprenderse del cuerpo que tenía en la vida de esa mujer sanadora, continuó aconsejándola, para luego despedirse y partir hacia la luz. El incidente con su familia había disparado aquel síntoma psicosomático que estaba asociado al momento de la muerte de ese otro cuerpo, y que no había podido procesar satisfactoriamente.

La situación, en cierto modo, era la misma: el dolor en el corazón y la tristeza estaban relacionados al tener que alejarse de sus seres queridos y entender que no podía tener el control.

EL PERIESPÍRITU Y LAS MARCAS DE NACIMIENTO

El periespíritu

Según la ciencia espírita, el término periespíritu proviene del vocablo griego *peri* que significa alrededor y del latín *spiritus* que significa alma. Se utiliza para hacer referencia a una especie de envoltura semi material que envuelve al espíritu, la cual sirve de vínculo entre este y el cuerpo. Al morir, el cuerpo físico se destruye (descompone) quedando únicamente el periespíritu, que vendría a ser el cuerpo etéreo del espíritu. Este cuerpo, por lo general, es invisible para nosotros, pero hay ocasiones en que puede volverse visible y hasta tangible.

Según "El libro de los espíritus" de Allan Kardec, el periespíritu es la sustancia vaporosa que reviste a los espíritus. Estos lo sacan del fluido universal de cada globo (planeta). Por eso no es la misma en todos los mundos. Es como si cambiaran de vestimenta de acuerdo al planeta en el que se encuentran. Los espíritus no solo reencarnamos en la Tierra, sino que también podemos reencarnar en otros planetas del universo.

Ahora bien, el cuerpo físico es el instrumento por el cual el alma percibe el dolor. El dolor que puede experimentar el alma no es en realidad un dolor físico, sino que es meramente un recuerdo del dolor que ese cuerpo sintió. Para entender mejor este concepto, pensemos en aquellas personas que han sufrido la amputación de un miembro y que, a pesar de ya no tenerlo, siguen experimentan un supuesto dolor proveniente de este. Entonces, ¿es el miembro ausente el causante de ese dolor o es el recuerdo o impresión de ese miembro registrado en el cerebro el que lo está provocando? De la misma manera, el periespíritu es el agente de las sensaciones externas canalizadas por los órganos del cuerpo, pero, cuando este fallece y finaliza la desconexión del alma del mismo, estas sensaciones se generalizan al no estar sujetas a órganos específicos. Se podría decir que el periespíritu se comporta como un fluido nervioso entre el cuerpo y el espíritu.

Las manchas de nacimiento

Las manchas de nacimiento son anomalías que se presentan en la piel de los recién nacidos. Pueden ser de tipo vasculares o pigmentadas. Las primeras son de color rojo al estar formadas por vasos sanguíneos que no se desarrollaron correctamente, mientras que las pigmentadas están formadas por un grupo de células del color de la piel. No se sabe su origen. Algunas provienen del clan familiar, algunas desaparecen con el tiempo y otras permanecen.

Existen distintas creencias en cuanto a ellas. Algunas sociedades las han atribuido a la mala suerte, mientras que para otras significa totalmente lo opuesto. La mayoría de las marcas de nacimiento son benignas y podrían proveer más información de la que creemos.

***

Basándonos en la explicación del periespíritu y de las manchas de nacimiento, junto con lo desarrollado en el capítulo anterior en cuanto a los síntomas asociados a los diferentes tipos de decesos, podemos deducir que las secuelas de estas muertes no solo quedan impresas en el alma y en el periespíritu, sino que también pueden ser transmitidas al cuerpo físico que el alma habita en la actualidad. Parece que, de alguna manera, cuando el alma reencarna ya viene rodeada por el periespíritu que almacena el dolor y traumas físicos que obtuvo de cuerpos anteriores, transfiriendo parte de ese registro al cuerpo presente. Por eso, en algunas ocasiones, esto se manifiesta de manera visual a través de marcas de nacimiento. Esta regla no aplica en el cien por ciento de casos, pero ha sucedido la suficiente cantidad de veces como para establecer esta relación.

Se sabe que los niños suelen recordar su vida pasada más reciente con mayor facilidad, pues el recuerdo en ellos aún se encuentra fresco. Conforme van creciendo, sus padres, la religión, la sociedad y su cultura van bloqueando esas memorias hasta que son olvidadas por completo. El doctor canadiense Ian Stevenson, jefe del departamento de psiquiatría de Virginia University, en su libro "Where reincarnation and biology intersect" (Donde la reencarnación y la biología se interceptan) presentó 2.600 casos de niños que recordaban sus vidas pasadas. Se trataba de niños de países budistas e hindúes del sur de Asia. De estos casos, 65 fueron detalladamente documentados por él llegando a comprobar que la información provista concordaba con el lugar en el que vivían, la familia y la forma en que habían fallecido. Los síntomas presentados por estas personas y las marcas de nacimiento guardaban relación con la forma en la que su cuerpo había muerto, especialmente si sus decesos habían sido violentos.

Algo que ha sucedido muchas veces durante las sesiones de hipnosis es que, cuando la persona regresa a una vida pasada, le aparecen manchas rojas en el cuerpo justo antes de visitar la escena de la muerte. Estas marcas, por lo general, están asociadas al tipo de herida que sufrió el cuerpo y que le causó la muerte. En el tiempo que llevo practicando hipnosis espiritual he aprendido a monitorear el cuerpo de mis clientes mientras están en trance hipnótico, pues puede brindar información muy rica.

En mi canal de YouTube Antonio Sangio, hay un caso (el número 144) de una cliente joven de mediana edad que segundos antes de pedirle que se adelante al último momento de esa vida pasada, mostró una mancha roja grande alrededor de su cuello. Esta mancha era tan evidente que inclusive señalo con el dedo para que quien estuviese viendo ese video le prestara atención. Unos segundos más tarde, me describió cómo en esa vida murió ahorcada. Al parecer todo eso que está registrado en el periespíritu se puede manifestar no solo como síntomas sicosomáticos, manchas de nacimiento, sino que cuando se visita una muerte traumática estando en un estado expandido o alterado de conciencia (trance).

Basados en la explicación sobre los síntomas de acuerdo a los tipos de muerte, como de la explicación sobre el periespíritu y las marcas de nacimiento, se podría creer que los síntomas que traemos de visitas pasadas solo podrían estar asociados al tipo de muerte y a la agonía de cuerpo cuando esto no es así. Si bien es cierto que puede haber karma acumulado en una vida pasada que deberá ser saldado en la vida presente, siguiendo el principio de acción y reacción, en el siguiente capítulo veremos como las frases o mandatos que pronunciamos en momentos cruciales en nuestras vidas pasadas también podrán generar síntomas. Muchas veces estas serán el motivo del atrapamiento de nuestra alma o de quedar atrapados en el rol de víctima.

FRASES ATEMPORALES

Hemos dicho anteriormente que el alma no entiende de tiempo y que para ella todo ocurre ahora. Hemos explicado también que, para el alma, la vida es una sola con experiencias en diferentes cuerpos. Es decir, el alma nunca muere y va perfeccionándose en cada reencarnación. Es casualmente la atemporalidad del alma la que ocasiona su atrapamiento en una experiencia pasada cuando esta no ha sido procesada completamente, cuando algo quedó pendiente o inconcluso. Pero, ¿qué otras situaciones pueden causar el atrapamiento del alma? Las promesas, votos, pactos, juramentos, maldiciones e incluso aquello que lleguemos a pronunciar o pensar antes de morir.

Todas estas frases atemporales mencionadas líneas arriba tienen algo en común: la energía, intención y, sobre todo, que son pronunciadas por nuestra alma y no por el cuerpo que tuvimos en esa vida. Pero, ¿cómo así? Si el cuerpo que teníamos cuando dijimos aquella frase ya murió, ¿qué más da? ¿No quedaría lo dicho sin efecto? Pues no, y se explica por el mismo hecho de que el alma no entiende de tiempo y que, para ella, todo está pasando ahora. Lo que se dijo mientras ocupaba otros cuerpos aún se encuentra vigente. El asunto es que no lo recordamos conscientemente, pero lo llevamos a nivel subconsciente, y ya habíamos explicado que el subconsciente está anclado al alma y va más allá de la existencia del cuerpo físico. No importa que el cuerpo sea otro, masculino o femenino, o que el contexto de la vida actual no tenga nada que ver con esa vida pasada.

Este fue uno de los conceptos que aprendí del hipnoterapeuta José Luis Cabouli durante mi formación en la Terapia de vidas pasadas, la cual transformó mi enfoque terapéutico. Me ayudó a prestar a atención a estas frases atemporales para así relacionarlas con el síntoma que mis clientes traen a su sesión y ayudarles no solo a entender el origen del síntoma, sino también a revertir eso que su alma había pronunciado.

En mis sesiones de hipnosis, he tenido clientes que presentaban problemas para mantener o concretar un compromiso sexual o afectivo y otros que tenían problemas con el dinero . Ellos regresaron a vidas pasadas donde habían sido sacerdotes o monjas, o en las que habían hecho una promesa de amor eterno, por nombrar algunos ejemplos. El sacerdote y la monja aún llevaban consigo los votos de pobreza y de castidad, a pesar de que en esta vida incluso tenían un sexo distinto. La mujer que hizo una promesa de amor eterno en su vida pasada, aún estaba esperando a su amado de esa vida, haciendo que no concretara su compromiso con las parejas que tuvo en la vida actual.

La palabra es energía y vibración. Cuando esta es proyectada con una intención específica, los resultados pueden ser positivos, pero cuando no entendemos la magnitud de lo que estamos diciendo y proyectando, cuando no ponemos un límite de tiempo a eso que estamos proyectando, muchas veces las consecuencias pueden ser desastrosas.

Promesas

Una promesa es cualquier cosa que una persona se compromete a realizar por voluntad propia o por favores recibidos. Las promesas, como mencioné anteriormente, cargan con la energía y la voluntad de la persona. Estos son algunos ejemplos:

- Promesas de amor.
- Promesas a los padres.
- Promesas a los hijos.
- Promesas a personajes religiosos.
- Promesas a Dios.

En fin, la lista podría ser más larga, pero esto nos permite tener una idea sobre ellas. Los ejemplos de promesas pueden ser:

- "Te amaré por siempre".
- "Tú serás mi único amor".
- "Te esperaré por siempre".
- "Nunca dejaré de velar por ti".
- "Entrego mi vida a cambio de hacerte feliz".

Ninguno de estos ejemplos tiene una línea de tiempo o expiración. ¿Qué pasará entonces con aquél que juró amor eterno? Pues, hará eso mismo. No solo amará a esa persona durante la vida pasada en la que pronunció la promesa, sino que lo seguirá haciendo en la siguiente reencarnación sin importar si ese espíritu amado se encuentra encarnado o no. Peor aún si la promesa también fue "te esperaré por siempre", pues eso es exactamente lo que hará. En una siguiente reencarnación, el individuo sentirá que está esperando a un ser amado que no llega nunca y, como consecuencia, rechazará cualquier otro compromiso al sentir que, al aceptar, estaría faltando a su promesa.

Las promesas "te esperaré por siempre" y "nunca dejaré de velar por ti" podrían causar incluso un atrapamiento *post mortem*. Esto quiere decir que el espíritu, una vez acabada esa vida, decida no ir a la luz y quedarse esperando al ser querido o simplemente quedarse para velar por ellos.

Votos

Nos referiremos básicamente a los votos religiosos, también conocidos como monásticos o canónicos, los cuales distinguen a los religiosos de los seglares. Estos son tres:

- Voto de pobreza.
- Voto de obediencia.
- Voto de castidad.

El religioso o religiosa busca ser pobre, obediente a sus superiores y conservar su castidad para imitar a Cristo. Con estos votos, el objetivo es tener acceso a la salvación espiritual a través de renunciar a los placeres terrenales, tal cual lo hizo Cristo.

Al renunciar a los placeres terrenales, el alma llevará consigo a su siguiente reencarnación esa misma premisa haciendo que se comporte de la misma manera. A nivel subconsciente, el espíritu sentirá que no debe tener requisas o posesiones materiales, ocasionándole una especie de autosabotaje, una conducta inconsciente e incontrolable que bloqueará su prosperidad financiera o adquisición de bienes. De la misma manera, el voto de castidad puede generar inconvenientes al tratar de mantener una relación amorosa o a la hora de tener relaciones sexuales, pues el alma sentirá que está faltando a ese voto.

He sido testigo de cómo estos votos también producen confusión, depresión y tristeza al no poder entender la razón o el origen de sus problemas.

Si hablamos de votos, es esencial mencionar también los votos matrimoniales que se llevan a cabo dentro de la religión católica, pues estos pueden afectar al alma. Quizás no sea una promesa que trascienda otros cuerpos, pero sí perjudicará a ambas personas en la vida actual. Este es un ejemplo común de voto matrimonial:

Novio: Yo, (nombre del novio), te quiero a ti, (nombre de la novia), como esposa. Y me entrego a ti y prometo serte fiel en las alegrías y en las penas, en la salud y en la enfermedad todos los días de mi vida.

Novia: Yo, (nombre de la novia), te quiero a ti, (nombre del novio), como esposo. Y me entrego a ti y prometo serte fiel en las alegrías y en las penas, en la salud y en la enfermedad todos los días de mi vida.

Los cónyuges se están comprometiendo a ser fiel el uno al otro, en todo momento "durante todos los días de sus vidas". Y, no solo eso. El sacerdote también pronuncia lo siguiente mientras entrega los anillos matrimoniales:

"El Señor bendiga estos anillos que vais a entregaros uno al otro en señal de amor y de fidelidad".

En esos anillos, está la intención y la energía de lo que se está pronunciando. Esto estaría sellando el voto matrimonial, pero el sacerdote aún pronuncia algo más:

"Que lo que Dios ha unido, que no lo separe el hombre".

Desde el punto de vista de la atemporalidad del alma, ¿a qué se está comprometiendo el alma en este momento? Suponiendo que el alma entiende que el voto tiene vigencia durante la vida física del cuerpo, lo que esto hará es que este voto tenga vigencia sin importar que el matrimonio entre estas personas funcione o no, si más adelante se divorcien o no. ¿Cuántas veces hemos visto personas divorciadas tratando de rehacer su vida con otras parejas una y otra vez, sintiéndose aún atadas al primer esposo o esposa? No es una regla, pero sí ocurre.

Pactos

Del latín *pactum*, se trata de una alianza, acuerdo, trato o compromiso en el que los involucrados aceptan respetar lo estipulado. Lo pactado no solo nos afectará si el pacto se realizó en esta vida, sino que traemos también con nosotros aquellos hechos en vidas anteriores.

Durante las regresiones a vidas pasadas, generalmente, se han hallado pactos con sectas o también conocidos como 'pactos con la oscuridad' llevados a cabo durante rituales. En algunos casos, estos pactos se firmaron con sangre, llevando nuestra energía en ella y sellando así lo acordado en dicho trato. No importa si la persona se encuentra en otra vida, en un contexto totalmente diferente o sin interés en este tipo de sectas. Estas fuerzas oscuras generarán todo tipo de problemas tratando de forzar al alma a cumplir con el pacto.

Juramentos

Hay quienes consideran que una promesa y un juramento son lo mismo. La diferencia radica en que en los juramentos hay un testigo para asegurar el complimiento del compromiso. Se puede jurar por un poder divino, por otra persona, institución, e incluso por la Biblia:

- "Juro por mi madre que...".
- "Juro por Dios que...".
- "Juro por las cenizas de mi padre que me vengaré".

Maldiciones

Una maldición es el deseo de que algo malo le suceda a una o varias personas. Si bien empleo la palabra deseo, lo que en realidad estamos haciendo es proyectar nuestra energía y parte de nuestra consciencia contra otra persona mientras les deseamos el mal.

Por lo general, la maldición comienza con la palabra ojalá, cuyo origen árabe es *shaa Allaah* y significa 'si Dios quisiera'. Aquí van algunas muestras:

- "Ojalá te quemes en el infierno".
- "Ojalá que sufras como me has hecho sufrir a mí".
- "Ojalá que tú y tu descendencia queden sumidos en la pobreza".
- "Ojalá que te mueras".

Lo que sucede cuando maldecimos es que esa energía de odio, rabia o resentimiento proyectada a otros regresará a nosotros mismos perjudicándonos de la misma manera. Desde el punto de vista espiritual, en el que se dice que todos venimos a aprender desde el amor, la compasión y el entender que todos somos uno, maldecir va contra todos esos principios. Tanto en una vida pasada como en una actual, esa energía negativa que alguna vez proyectamos en otros, volverá a nosotros y, en la mayoría de casos, en forma de desgracia y mala suerte.

El último pensamiento

Si bien el alma puede pronunciar frases atemporales en cualquier momento, ya sea en una encarnación pasada o en la actual, creo que aquellas que más influyen y que más pueden presentarse como síntomas en nuestra siguiente reencarnación son las que decimos o pensamos a la hora de morir, durante la agonía de nuestro cuerpo. Si en vidas pasadas nuestro deceso se dio en la hoguera, en la horca o con una tortura previa, ¿qué podríamos haber pensado o dicho durante nuestros últimos minutos de vida? Frases como:

- "Malditos sean".
- "Ojalá que todos ustedes se pudran en el infierno".
- "Te seguiré por la eternidad hasta vengarme".
- "Ojalá sufras como me has hecho sufrir".

En el caso de aquellos que tuvieron dones especiales, como sanadores, videntes y médiums, y que fueron acusados de brujos y ahorcados o quemados vivos, las frases que pudieron haber pronunciado en su mente son:

- "Sanar es peligroso".
- "No es bueno activar mis dones".
- "Utilizar las manos puede hacer que me maten".

Si por el contrario fuimos nosotros los agresores, ya sea que hayamos torturado, violado o matado a alguien, puede que en el momento de nuestra muerte tomemos consciencia de lo que hicimos y nos arrepintamos. Frases que podemos pensar durante nuestra agonía podrían ser:

- "No merezco perdón de Dios".
- "No me alcanzarán las vidas pasa saldar mi deuda".
- "No merezco la felicidad".
- "No me detendré hasta reparar el daño que hice".

Todo lo que pensamos o decimos durante la agonía de nuestro cuerpo en una vida pasada, será convertido inmediatamente en una especie de patrón que se activará y que el alma llevará consigo a futuras reencarnaciones, provocándole problemas, síntomas y una gran confusión al no entender la razón de su comportamiento.

Los que maldijeron se verán afectados por la energía de sus propias malas intenciones proyectadas. Los que juraron vengarse puede que mantengan a su espíritu en este plano buscando vengarse de sus verdugos, causando que se convierta en un alma perdida.

Aquellos sanadores acusados de brujos y ejecutados bloquearán inconscientemente sus dones en la siguiente reencarnación. Más de una vez me ha tocado médiums que no querían aceptar su don en esta vida, y trataban de bloquearlo o negar la misión que se les había encomendado. Todo esto les generaba un gran temor y una gran depresión. En esta vida, a pesar de no ser acusados de nada, ellos sentían que manifestar o desarrollar sus dones era peligroso.

Los agresores en vidas pasadas, al pensar o pronunciar frases donde decían no merecer perdón o ser felices, automáticamente pasarán del rol de agresor al de víctima, entrando en un círculo de autosabotaje en sus siguientes reencarnaciones. Sentirán que no merecen ser felices, ni ser perdonados y atraerán situaciones que le hagan sentir exactamente de esa manera.

El síntoma

Cuando una persona llega a una sesión de hipnosis en busca de ayuda, no llega diciendo "necesito romper la promesa que hice en una vida pasada", "necesito terminar mi rol de víctima", o, "tengo que romper los votos que hice cuando fui sacerdote". Lo que la persona traerá consigo serán síntomas, ya sean físicos, mentales o emocionales.

Por ejemplo, aquel que murió ahorcado en público quizás llegará diciendo que tiene impedimento de hablar en público, que su cuerpo se pone tenso, que siente un nudo en la garganta, que siente que los espectadores le están juzgando y que en ese momento siente rabia contra ellos.

Aquel agresor que murió arrepentido y que dijo "no merezco el perdón o ser feliz", más que seguro me contará durante su entrevista sobre la vida infeliz que ha vivido desde que nació, incluyendo las relaciones de abuso con sus parejas, causándole una baja autoestima y falta de amor propio.

Los sanadores o médiums acusados y ajusticiados por brujos llegarán a sesión pidiendo que los ayude a bloquear esos dones porque les causa mucho temor y estrés en su vida. No importa cuánto les explique la importancia de ese don para ayudar a otros, ellos estarán cerrados a toda explicación y reaccionarán de la misma manera que reaccionaron cuando se les acusó.

Lo que aprendí en mi práctica de la hipnosis fue a prestar atención a estos síntomas no solo durante la sesión, sino desde el inicio de la entrevista. Habrá ocasiones que, durante la entrevista previa a la sesión, me diga "siento que no merezco ser feliz" o "siento como si tuviese una nube negra sobre mí todo el tiempo", o "me siento perseguido todo el tiempo". Sin darse cuenta lo que están haciendo me darán la clave de lo que en realidad está pasando con ellos porque muchas veces esa frase que pronuncian viene de la experiencia en la que su alma quedó atrapada.

El enfoque terapéutico

Una vez detectado el síntoma, los hipnoterapeutas ayudamos a la persona a hacer consciente lo que para ellos es inconsciente en ese momento. No se trata de retroceder en el tiempo y el espacio, pues la persona tiene el síntoma aquí y ahora. Entonces, haciendo las preguntas necesarias acerca del síntoma, construimos el puente que nos llevará a la experiencia en donde este se originó. El síntoma se convertirá en el hilo conductor que llevará a la persona a la raíz. Por lo general, nos dirige hacia una vida pasada. A continuación, lo que debemos hacer es entender lo que pasó, la historia de esa vida y, específicamente, en qué momento se pronunció esa frase y qué fue exactamente lo que esa frase contenía. Todo esto nos llevará a entender el origen del síntoma y la conducta que está afectando a la persona ahora.

En el caso de una promesa, juramento o pacto, la misma persona tendrá que indicar que este se deja sin efecto. En el caso de una maldición, se recomienda pedir perdón por lo que se dijo y por las intenciones negativas que hubo, para luego expresar que esa maldición queda sin efecto. Tanto como para lo mencionado en el párrafo anterior como para lo último que pensamos antes de morir, es necesario determinar cómo eso que pronunciamos o pensamos está afectándonos en la vida actual. Esto puede averiguarse a través de dos preguntas: ¿Esto qué te hace hacer en tu vida como (nombre actual)? ¿Esto qué te impide hacer en tu vida como (nombre actual)?

Luego de formular estas preguntas, es clave que, a la hora de la muerte del cuerpo, se les ayude a tomar consciencia de que, con la muerte de ese cuerpo, esa experiencia acabó para siempre. Con esto, lo que se busca es desconectarlos de esa experiencia y culminar con el atrapamiento. Claro que, para ese fin, es necesario que el alma complete todo aquello que no pudo hacer en ese momento.

La maldición de la curandera

Durante el taller Sanando el Femenino Herido que facilité en noviembre del 2021, Caroline, jamaiquina de sesenta años, se ofreció como voluntaria para una de las sesiones de demostración de la técnica Terapia de vidas pasadas. Cuando le pregunté qué era lo que su alma necesitaba sanar, su respuesta fue inmediata: "tengo problemas de abandono, me falta el aliento y sufro de ansiedad y problemas en la piel, sobre todo comezón, resequedad y cáncer". El abandono lo había experimentado en varios momentos de su vida, iniciando con su madre cuando tenía tres años, continuando con su padre quien había permanecido desconectado emocionalmente de ella y, por último, sus parejas también habían estado desconectadas emocionalmente.

Antonio: Toma aire profundamente y cierra tus ojos. Y, mientras haces eso, quiero que pienses en todos los síntomas que me has mencionado: la falta de aliento, el sentirte ansiosa. Permítele a tu cuerpo sentir todo eso con más intensidad —dije notando cómo Caroline, rápidamente, se empezaba a poner emotiva—. ¿Qué es lo que sientes cuando no puedes respirar, cuando te falta el aliento?

C: Me siento muy emotiva.

A: Eso es, siéntete emotiva más intensamente. Y, cuando te sientes emotiva y que no puedes respirar, ¿qué más experimentas en tu cuerpo?

C: Lo siento en mi garganta con mayor intensidad.

A: Y, si supieras, ¿es como si qué estuviera pasando con tu garganta?

C: Es mucho miedo el que está cerrando mi garganta.

A: Voy a contar del tres al uno y quiero que vayas a ese momento en el que sientes el miedo cerrando tu garganta. Tres, dos, uno. Ya estás ahí. Si supieras, aunque pienses que lo estás imaginando, ¿dónde te encuentras mientras sientes ese miedo cerrando tu garganta que no te permite respirar?

C: Está oscuro. Hay mucho humo en el ambiente.

A: Eso es. ¿Qué más está sucediendo?

C: ¡Están quemando mujeres en la hoguera! —exclamó rompiendo en llanto—. Tengo miedo, pero no estoy corriendo. No sé por qué no estoy corriendo.

A: Eso es. ¿Dónde estás ahora?

C: No lo sé, en un lugar horrible y oscuro.

A: Eso es, huele ese humo y la piel de esas mujeres quemándose. Continúa. ¿Qué más está pasando?

C: Solo me siento confundida. Siento que conozco a algunas de las mujeres y quiero apoyarlas, por eso estoy ahí.

A: Eso es, continúa. ¿Luego qué sucede?

C: Siento que quiero llorar —contestó mientras rompía en llanto nuevamente.

A: Adelante, llora. Continúa.

C: ¿Qué está pasando?

C: Alguien que conozco de esta vida me está pidiendo que vaya hacia ella, pero no me puedo mover —expresó con desesperación refiriéndose a su vida actual como Caroline.

A: Eso es, continúa un poco más. ¿Qué está ocurriendo ahora?

C: Están viniendo por mí. Son dos soldados. Me están sujetando y me están amarrando a la hoguera.

A: Continúa un poco más. ¿Qué están haciendo ahora?

C: Están prendiendo el fuego, pero no puedo sentirlo. No me siento emotiva, tampoco siento mi cuerpo —dijo moviendo su cabeza de lado a lado.

Lo descrito por Caroline me dio a entender que su alma ya había empezado a desprenderse de su cuerpo para no sentir dolor.

A: Voy a contar del tres al uno y quiero que permitas que tu cuerpo muera. Tres, dos, uno...

C: ¿Por qué nos están haciendo esto? ¡No hemos hecho nada! —vociferó llorando— ¡Es terrible!

A: Permite que tu cuerpo muera. Voy a contar del tres al uno y, cuando llegue a uno, quiero que vayas al inicio de esta experiencia, al momento en que todo esto comienza para tu alma en esa vida. Permite que tu cuerpo sienta todo lo que tenga que sentir. Tres, dos, uno. Ya estás ahí. Si supieras, ¿cómo comienza esto para tu alma en esa vida?

C: Estoy en mi cabaña y unas mujeres vienen y me dicen "ven, tienes que venir. Se están quemando. Están quemando a nuestras amigas", así que corro y voy. Estoy ahí mirando todo. Hay mucho ruido y mucha gente gritando "¡quémenlas, son brujas!". Es una especie de histeria colectiva.

A: Siente todo eso, continúa.

C: Estoy confundida. No entiendo por qué está pasando esto. Estoy ahí por mis amigas. Nosotras trabajamos en sanación. ¡Los hombres están envidiosos! ¡Nos tienen tanta envidia!

A: Eso es, continúa un poco más. ¿Qué sucede a continuación?

C: Las están llevando a la hoguera, les prenden fuego y las queman.

A: ¿Cuál ha sido hasta aquí el momento más difícil de esa vida?

C: Ver a mis amigas ser amarradas para luego prenderles fuego, sin poder hacer nada para ayudarlas.

A: Y, mientras ves a tus amigas pasar por eso, ¿cuáles son tus reacciones físicas?

C: Tengo náuseas y me está dando un ataque de ansiedad.

A: Y, mientras experimentas náuseas y un ataque de ansiedad, ¿cuáles son tus reacciones emocionales?

C: Tengo miedo.

A: Y, cuando tienes miedo, ¿cuáles son tus reacciones mentales?

C: Estoy confundida.

A: Ahora, quiero que veas cómo todo esto está afectando tu vida como Caroline, cuando dices tener náuseas, un ataque de ansiedad y sentirte confundida. ¿Todo esto qué te hace hacer en tu vida como Caroline?

C: Me afecta en muchas cosas. Siento celos de los hombres, atraigo hombres que me quieren subyugar, que quieren controlarme.

A: Y, cuando atraes a este tipo de hombres, ¿eso qué te impide hacer?

C: Siento ira contra los hombres y reacciono.

A: Muy bien, ahora voy a contar del tres al uno e irás al momento en que te ponen en la hoguera. Tres, dos, uno. Ya estás ahí. Y, mientras cuento del tres al uno nuevamente, cuando llegue a uno sentirás el fuego tocando tu piel y lo sentirás con más intensidad. Tres, dos, uno. Siente eso ahora. ¿Qué es lo que sientes la piel?

En ese momento, Caroline empezó como a convulsionar y a toser, mientras lloraba y se llevaba las manos al cuello como si no pudiese respirar.

A: ¿Qué están sintiendo los músculos? Siente los músculos, el estómago, siente los pulmones.

C: Mi cuerpo está volviéndose loco.

A: Siente la garganta. ¿Qué está sintiendo la garganta?

C: Mi garganta está cerrada y mi piel se está erizando —respondió tosiendo.

A: ¿Qué siente el cerebro cuando no recibe suficiente oxígeno? ¿Qué está sintiendo el corazón?

Si bien Caroline no podía responder a mis preguntas debido al llanto y la tos, igual buscaba ayudarla a tomar consciencia de todo lo que había sentido ese cuerpo para acabar con su atrapamiento.

C: ¡Esos malditos, los odio! ¡Malditos, ojalá se mueran! —exclamó mientras se tocaba la piel como tratando de arrancársela—. ¡Oh, me duele el pecho!

A: Permite que ese cuerpo muera y sal de él ahora. Ahora quiero que les hables a ellos. Diles que no tenían por qué matarte y pídeles que te devuelvan tu energía, la energía que te robaron cuando te quemaron.

C: ¡Bastardos, devuélvanme mi energía ahora! No tienen derecho de quedársela, devuélvanmela ahora.

A: Una vez que estés lista, extiende tu mano y trae tu energía de vuelta. ¡Muy bien! Ahora quiero que veas algo más, tú les dijiste "ojalá se mueran bastardos", es decir que les enviaste una maldición. Cuando envías una maldición, esta regresa tres veces más fuerte a ti. ¿Qué te está causando esa maldición?

C: Me impide tener una relación feliz y saludable con los hombres —respondió llorando y sin dudar de lo que decía.

A: El día de hoy puedes romper esa maldición puedes liberarte. ¿Quieres hacer eso?

C: Sí.

A: Entonces di algo como "por el poder de mi propia voluntad, hoy cancelo y ceso esta maldición que les envié a estas personas. Los libero y me libero a mí misma".

C: Por mi propia voluntad, deshago la maldición que lancé sobre estos hombres y al hacerlo los dejo libres y me libero a mí misma. Les devuelvo su poder.

A: Eso es. Ahora quiero que veas dónde has estado guardando la energía de esa maldición en tu cuerpo.

C: En mi corazón, en mis pulmones, en mi garganta, en mi estómago y en mi centro de poder, también en mis hombros.

A: Entonces remueve esa energía de tu cuerpo, libérate. ¿Qué piensas que tu alma debía aprender en esa vida?

C: Injusticia y a ser malentendida. Siempre estoy diciendo que me malentienden.

A: Y, ¿qué lección viene con la lección de la injusticia?

C: La lección de perdonar a otros y asegurarme de siempre ser justa.

Así fue como, luego de unos minutos más, Caroline terminó saliendo lentamente del trance en el que se encontraba. Ella había podido hallar no solo el origen de sus síntomas físicos, como la falta de aire y los problemas con la piel, sino también la raíz del patrón de abandono y el de siempre buscar hombres emocionalmente desconectados, lo que le impedía tener una relación amorosa y saludable.

Otro aspecto interesante de la sesión con Caroline fue que recibí un correo electrónico de ella al día siguiente, donde me agradecía por la sesión y me daba una actualización de todo lo que había sentido luego de esta. Otra cosa que mencionó aquella vez fue que no recordaba haber lanzado una maldición a los hombres cosa que, según yo, había escuchado claramente durante su sesión. Sino, entonces, ¿por qué respondió tan segura acerca de lo que la supuesta maldición que había lanzado había generado en ella? Esto era un poco confuso.

Para estar seguro, decidí escuchar la grabación de la sesión y volví a escuchar claramente "Malditos, ojalá se mueran", pero no fue hasta que transcribía la sesión para incluirla en el presente libro que me di cuenta de que en realidad no había dicho esa frase. Entonces, ¿de dónde salió? ¿Por qué fue que la escuché? ¿Por qué ella respondió inmediatamente a algo que en realidad no había dicho?

Días después la volví a contactar confirmándole que, en realidad, no había lanzado aquella maldición y que no sabía por qué yo la había escuchado. Esto me respondió ella vía correo electrónico:

> *Gracias Antonio, te agradezco mucho que te hayas tomado el tiempo de confirmármelo, pero también siento que has captado algo que no se ha dicho. Ha habido momentos en esta vida en los que he tenido ganas de maldecir a alguien, pero nunca lo he hecho porque entiendo la repercusión kármica y esta vida se trata de ser un conducto de luz y reconocer la intención divina para la evolución espiritual en todas mis experiencias, pero a juzgar por la intensidad de esa experiencia, no tengo duda de que los habría maldecido y probablemente mucho peor que desearles la muerte. Bendiciones, Caroline.*

Algo que siempre comparto en las formaciones que dirijo es lo que alguna vez leí en un libro de Michael Newton, que el mejor terapeuta para nuestros clientes no somos nosotros, sino su espíritu guía, y, por eso, debemos abrirnos para canalizar la asesoría de ellos, para dejarlos trabajar a través de nosotros y así ayudar a nuestros clientes. Estoy seguro que esto fue lo que pasó.

Nunca te dejaré

Durante uno de los talleres sobre atrapamiento y recuperación del alma que suelo dictar, Leilani fue una de las voluntarias para una de las sesiones de demostración. El principal requerimiento para ser voluntario era saber lo que su alma necesitaba sanar. "No puedo acceder a todo mi potencial. Cada vez que algo bueno va a pasar, algo lo bloquea", me contó. Cuando le pregunté qué sentía al experimentar ese bloqueo, me dijo que una combinación entre frustración y problemas con las caderas. "Siento como si no me pudiera mover", agregó.

Sin saberlo, Leilani había compartido una frase que provenía de una experiencia paralela, de donde ese síntoma se había originado. Esto es algo común durante la entrevista con mis clientes.

Leilani también me comentó que, hasta hacía un par de meses, había sentido como si fuese a quedar paralizada por el problema que presentaba en su cadera. Desde una mirada lógica o médica, estos malestares no tenían ninguna explicación. Al iniciar la sesión, le pedí que, mientras dejaba que su cuerpo se relajara mientras estaba acostada, pensara en todo aquello que me había mencionado.

Antonio: Mientras sientes tu corazón y tus caderas, ¿cómo dirías que sientes las caderas? ¿Cómo si les estuviera pasando qué cosa?

Leilani: Como si estuviesen acalambradas.

A: Muy bien, experimenta eso con más intensidad. Siente que están acalambradas y siente que no puedes moverte. Y, si supieras, aunque pienses que lo estás imaginando, ¿dónde estás mientras sientes tus caderas acalambradas y que no te puedes mover?

L: Lo único que puedo pensar es que estoy en el auto.

A: Muy bien. Y, ¿qué está pasando ahí?

L: Siento que me estoy alejando de algo.

A: Eso es, continúa un poco más.

L: Estoy adolorida. Me está doliendo.

A: Eso es. ¿Dónde sientes ese dolor?

L: En mi corazón —respondió poniéndose emotiva.

A: Eso es, siente ese dolor en tu corazón con más intensidad. Continúa.

L: ¡Me duele! Es tan doloroso —exclamó entre lágrimas.

A: Y, en ese lugar donde estás, ¿tienes cuerpo de hombre o de mujer? —le pregunté tratando de averiguar si se trataba de esta vida o una pasada.

L: De mujer.

A: Continúa. ¿Por qué te estás alejando?

L: Porque quiero continuar con mi vida. No quiero seguir atascada.

A: Y, ¿cuál es tu nombre? ¿Cómo te llama la gente?

L: Creo que solo es un recuerdo. Soy yo —contestó refiriéndose a un recuerdo de esta vida.

A: Muy bien, continúa un poco más. ¿Qué sucede ahora?

L: Siento como si estuviese dejando a alguien atrás y no se siente bien. Quiero que esa persona venga conmigo, pero no quiere.

A: Y, si supieras, ¿quién es esa persona que estás dejando atrás?

L: Es la persona que pensé que era mi alma gemela.

A: ¿Qué persona es esa? ¿Cuál es su nombre?

L: Es Tom.

A: Muy bien. ¿Qué más está pasando?

L: Estoy comenzando a sentir el dolor en mis caderas, como si algo me estuviese diciendo que no me vaya. "No te vayas, no te vayas".

A: Eso es, continúa.

L: Quiero seguir avanzando, pero esta cosa me jala hacia atrás. No quiero ser jalada hacia atrás y quiero continuar avanzando.

A: Y, si supieras, ¿qué es esta cosa que te está jalando hacia atrás?

L: Siento como si fuese una energía que no quiere que me vaya.

A: Muy bien. Y, ¿qué sucede a continuación?

L: De todas maneras me voy. Se siente como si tuviera algo pegado a mí que no quiere que me vaya.

A: Eso es, continúa.

L: No sé lo que es esa cosa. No sé si es una persona o una entidad.

Hasta aquí habíamos detectado que Leilani había empezado a sentir el dolor de cadera una vez que se subió a su auto para alejarse de la persona a quien ella consideraba su alma gemela. A pesar de que estaba decidida a irse, ella sentía que algo la tiraba hacia atrás para no dejar a Tom, pero no sabía cómo definir esto que, en cierto modo, la ataba a él y hacía más difícil su separación.

A: Hasta aquí, ¿cuál ha sido el momento más difícil de esa experiencia?

L: El hecho de que me estoy marchando —me dijo llorando—. Es doloroso, pero tengo que hacerlo. Necesito hacerlo por mi propio bien.

A: Y, en este momento en que te estás marchando por tu propio bien, ¿cuáles son tus reacciones físicas?

L: Mi corazón está a punto de romperse. Siento que no voy a poder hacer nada más sin mi corazón.

A: Y, en este momento en el que tu corazón está a punto de romperse, ¿cuáles son tus reacciones emocionales?

L: Es como si estuviese a punto de salirse de mi pecho.

A: Y, ¿cuáles son tus reacciones mentales?

L: Que está bien, que yo puedo hacer esto. Puedo vivir sin nada tirándome hacia atrás. Está bien, yo puedo hacerlo.

A: Ahora quiero que veas cómo todo esto está afectando tu vida como Leilani, cuando dices que tu corazón está a punto de romperse, que tu corazón está a punto de salirse del pecho, y que puedes hacerlo, que puedes vivir sin esto. ¿Todo eso qué te hace hacer?

L: Continúo con mi vida, pero me siento vacía.

A: Y, ¿eso qué te impide hacer?

L: Ser quien quiero ser realmente. Siento que hay algo que siempre me hace mirar hacia atrás y no quiero eso.

Hasta aquí habíamos entendido cómo la separación de Tom le había afectado y le seguía afectando. Aquella separación estaba relacionada con su dolor de caderas y el no poder avanzar, pero había algo que siempre la tiraba hacia atrás, como si no pudiese dejarlo del todo. Por eso, le pedí que retrocediera al momento en que se estaba despidiendo de Tom.

A: Adelántate al momento en que estás a punto de subirte al auto. Déjame saber qué está pasando. Dime todo lo que estás sintiendo.

L: Estoy muy molesta con él porque siento que me ha decepcionado. Ya no quiero nada más con él. Le deseo lo mejor, pero me tengo que ir.

A: Entonces vete y déjame saber qué pasa cuando te vas.

L: Todavía me duele.

A: Dime todo lo que experimentas mientras te subes al auto.

L: Mis caderas comienzan a sentirse más y más pesadas. Siento como si estuvieran perdiendo su balance. Me subo al auto y tengo que poner un cojín en mis caderas porque el dolor se está volviendo insoportable.

A: Un poco más, continúa.

L: Cuando me siento en el asiento del chofer y estoy manejando, me duele. Siento que nunca voy a volver a tener algo como esto en mi vida.

Continuamos trabajando en ese recuerdo, regresando al momento en que tuvo la última conversación con Tom, ayudándola a decir todo lo que no había podido en ese momento. Así, pudimos darnos cuenta de que, en ese momento doloroso, su alma se había fragmentado y ese fragmento se había quedado en ese evento, en esa línea de tiempo. ¿Sería esto lo que la jalaba hacia atrás y no la dejaba avanzar?

Una vez que ayudé a Leilani a integrar ese fragmento de su alma con el resto, mi intuición me decía que la raíz del problema estaba mucho más atrás, quizás en otra vida.

A: Voy a contar del tres al uno y quiero que vayas hacia atrás y más atrás. Cuando llegue a uno, anda al momento en que todo esto comienza para tu alma, esto de sentir así tu corazón y de sentirte atascada. Uno, dos, tres. Si supieras, aunque pienses que lo estás imaginando, ¿dónde estás ahora?

L: Siento que es una vida pasada, pero no estoy segura.

A: No importa. No tienes que estar segura. Dime lo que venga a tu mente.

L: Siento que soy una madre.

A: Muy bien, continúa.

L: Siento que le estoy diciendo algo a mi hijo, pero no sé qué.

A: Voy a contar del tres al uno y vas a repetir las primeras palabras que lleguen a tu mente. Tres, dos, uno. ¿Qué le estás diciendo a tu hijo?

L: Quédate aquí. Vas a estar bien sin mí, quédate aquí.

A: Una vez que dices esas palabras, ¿qué sucede a continuación?

L: Mi hijo no quiere que me vaya, pero aun así me voy.

A: Muy bien, continúa. Permite que tu cuerpo sienta todo lo que tiene que sentir.

L: Me voy, pero él está llorando. Mi hijo está llorando y sigo mirando hacia atrás diciéndole que va a estar bien. Ya regreso, vas a estar bien, pero él sigue llorando —narró entre lágrimas, tapándose los ojos.

A: Y, si supieras, ¿adónde vas?

L: Estoy yendo a hacer unos mandados.

A: ¿Qué sucede luego?

L: Siento que algo me pasó. No lo veo, pero siento que tuve un accidente.

A: Eso es. ¿Qué más ocurre?

L: Creo que mi hijo ha presenciado eso. Él está gritando porque vio que acabo de tener un accidente y ahora estoy muerta.

A: Hasta aquí, ¿cuál ha sido el momento más difícil de esta experiencia?

L: Lastimar a mi hijo. Me estaba yendo así que le hice sufrir.

A: Y, en este momento en que haces sufrir a tu hijo, ¿cuáles son tus reacciones físicas?

L: Mi corazón me duele, pero necesito irme, necesito encargarme de mi vida. Necesito que entienda que está bien, pero no lo entiende. Y ahora tuve este accidente y me siento culpable.

A: Y, en este momento en que te está doliendo tu corazón y te sientes culpable, ¿cuáles son tus reacciones emocionales?

L: Pienso que no debí haberme ido. Quizás debí quedarme con él y quizás no hubiese tenido este accidente.

A: ¿Cuáles son tus reacciones mentales?

L: Le prometí que nunca más me iría —dijo rompiendo en llanto—. Me duele el alma porque siento que me fui.

Habíamos encontrado la frase que causó el atrapamiento del alma de Leilani en esa vida pasada. Se trataba de la promesa hecha a su hijo, una promesa que, para su alma, aún estaba vigente.

A: Ahora quiero que veas cómo todo esto está afectando tu vida como Leilani, el dolor, el sentirte culpable, el creer que no debiste irte, el prometer que nunca más te irás de nuevo, ¿qué es lo que te hace hacer en tu vida como Leilani?

L: Quedarme atascada. Quiero irme, pero no puedo porque estoy mirando hacia atrás.

A: Y, ¿esto qué te impide hacer?

L: Avanzar.

A: Voy a contar del tres al uno y quiero que regreses al momento en que estás hablando con tu hijo. Permite que tu cuerpo haga todo lo que tenga que hacer para completar esta experiencia. Tres, dos, uno. Mientras le hablas a tu hijo, quiero que le mires a los ojos, ¿has visto esos ojos antes?

L: Sí —respondió rompiendo en llanto—. ¡Es Tom! ¡Es él!

A: Voy a contar del tres al uno y quiero que te adelantes al momento en que tienes el accidente. Permite que tu cuerpo sienta todo lo que tiene que sentir con mayor intensidad. Tres, dos, uno. Ya estás ahí. ¿Qué está pasando? ¿Qué tipo de accidente es este?

L: Es algo con ruedas. No se siente como si fuese un auto, pero tiene ruedas.

A: ¿Cuál es la primera parte de tu cuerpo que es afectada por esa cosa con ruedas?

L: ¡Mis caderas! ¡Oh, Dios mío!

Habíamos encontrado el origen de todo lo que Leilani había venido sintiendo desde el momento en que decidió dejar a Tom. ¿Por qué? Porque Tom había sido su hijo en esa vida pasada, el hijo que no quería que su madre se fuera, el mismo que presenció el accidente donde su madre murió habiendo sido atropellada y golpeada en las caderas. La madre que después de muerta le promete nunca más irse, nunca más dejarlo.

Pero, ¿por qué Leilani sentía el dolor de caderas ahora, en su cuerpo actual? Porque, mientras ella se alejaba de Tom en esta vida, su alma recordó que también se había alejado de él en esa vida pasada y fue eso lo que activó el dolor de cadera. Su alma había relacionado el dejar a Tom con el dolor de cadera y el sentirse atrapada.

Luego de trabajar con el evento de la muerte en esa vida y ya fuera del cuerpo, le pedí al alma de la mujer que le hablara a su hijo y que le explicara que debía irse a la luz

A: Explícale a tu hijo lo que te acaba de pasar.

L: Acabo de tener un accidente. Lo lamento, lamento haberte dejado —dijo entre lágrimas—. No debí dejarte, pero ahora tengo que ir a la luz. Tengo que irme, tengo que irme porque no me puedo quedar aquí. Te amo tanto y vas a estar bien. Regresaré y estaremos juntos nuevamente. Te prometo que vamos a estar juntos de nuevo.

A: Ahora quiero que le hables sobre la promesa que le hiciste. Dile "hijo, no puedo mantener esa promesa porque me voy a la luz, pero vas a estar bien y vas a crecer y vas a experimentar cómo crecer sin mí. Pero sé que lo puedes hacer". Dile lo que tú quieras.

L: No puedo regresar, pero vas a estar bien. Tú vas a crecer y evolucionar. En realidad, no me necesitas. Tú eres muy poderoso por ti mismo. Lamento tener que romper esa promesa.

Fue así como, después de despedirse de su hijo, el espíritu de la mujer (Leilani en la vida actual), pudo continuar su camino hacia la luz.

Una vez terminada la sesión, Leilani se sintió muy aliviada y me dijo que sus caderas se sentían muy ligeras. Ya no las sentía acalambradas.

Te amaré por siempre

Marcela agendó una sesión de hipnosis para tratar algunos asuntos que no la dejaban vivir tranquilamente. Durante la entrevista me comentó sobre la mala relación que había tenido con su madre y del abuso que sufrió en manos de su padre. También me contó acerca de un patrón de conducta que había detectado en su vida: cada vez que tenía una pareja y estaban a punto de formalizar su compromiso, inmediatamente, ella terminaba la relación. "No puedo mantener una relación seria por mucho tiempo", me dijo con confusión y tristeza.

Ya en estado hipnótico y tras haber visitado un recuerdo de su infancia en donde había tenido un altercado con su madre a los tres años, le pedí que retrocediera y buscara el evento que había generado todo esto en su vida. A continuación, comparto parte del diálogo:

Antonio: Veamos cómo inicia todo esto, a donde te lleva tu alma para enseñarte el origen de todo esto, la razón de este patrón. Deja que tu alma vaya a donde tenga que ir. Tres, dos, uno. Ya estás ahí. Como si supieras, ¿dónde estás ahora?

Marcela: Soy Rachel —me dijo con voz más calmada.

A: Rachel, mira tus pies. ¿Qué estás usando?

M: Unos zapatos viejos de cuero negro.

A: ¿Qué estás vistiendo?

M: Un vestido largo de algodón negro.

A: ¿Eres joven o mayor?

M: Joven.

A: ¿De qué color es tu piel?

M: Blanca.

A: Mira a tu alrededor. ¿Qué es lo que ves?

M: ¡Oh, lo veo por primera vez! —contestó sorprendida.

A: ¿A quién estás viendo?

M: ¡Por primera vez lo veo!

A: ¿A quién estás viendo?

M: ¡El soldado!

A: ¡Muy bien! Háblame sobre ese soldado. ¿Cómo está vestido?

M: No puedo ver bien, pero está recostado bajo un árbol. Tiene un mosquete y su sombrero está en el suelo.

A: ¿Es joven o mayor?

M: 17.

A: ¿Conoces a este soldado? ¿Lo has visto antes?

M: ¡Oh, está herido!

A: ¿Dónde ha sido herido? ¿En qué parte de su cuerpo?

M: Le dispararon en el estómago y está sangrando. Está muy mal herido. Es un oficial.

A: ¿Qué vas a hacer al respecto?

M: Estoy en problemas —respondió con voz temerosa—. No estoy supuesta a estar cerca de nadie que tenga que ver con la guerra.

A: ¿Quién no te permite hacer eso?

M: Nuestra comunidad, pero él está muriendo.

A: Entonces, ¿qué vas a hacer al respecto?

M: Tengo que ayudarlo, tengo que ayudarlo.

A: Adelántate un poco para ver qué pasa.

M: Lo he escondido en la casa, en un lugar con madera donde estará más caliente.

A: ¿Te está diciendo algo?

M: Él habla alemán y no puede hablar mucho.

A: ¿Hablas el mismo idioma que él?

M: Escuché un poco de alemán por mi abuela. Pero lo entiendo, no sé cómo.

A: Muy bien, ahora adelántate un poco para ver qué sucede con este soldado.

M: Está mejorando. Le traigo comida y lo mantengo escondido, pero no puedo hacerlo por mucho más tiempo. Me van a descubrir.

A: Quiero que te adelantes un poco más hasta que algo más ocurra. Tres, dos, uno. Ya estás ahí. Rachel, ¿qué está pasando?

M: Mi familia sabe que lo estoy escondiendo y eso no les agrada, pero me están ayudando a alimentarlo y me dicen que esto es mi responsabilidad. Estoy poniendo a la familia en peligro.

A: ¿Quién te dice eso?

M: Mi madre —contestó entre lágrimas.

A: Mira los ojos de tu madre. ¿Los has visto antes?

M: ¡Oh, Dios! Es Giovanna —dijo refiriéndose a su madre en la vida actual—. Le ruego que me permita tenerlo aquí hasta que esté mejor.

Ella me deja porque él no puede ser visto saliendo de nuestra granja, así que tengo que hacer esto sola. Lo alimento y curo sus heridas. También tiene huesos rotos. Está muy malherido. Pasa dos años en nuestra casa.

A: Muévete hasta el siguiente evento importante y veamos qué sucede. Tres, dos, uno. Ya estás ahí.

M: Está a caballo y no tiene uniforme, pues nos deshicimos de él. Está vistiendo la ropa de mi padre. Se va a ir y estoy tratando de ayudarlo a escapar. Creo que la guerra casi ha terminado, pero no está completamente a salvo. Quizás pueda escapar ahora.

A: Adelántate un poco más.

M: Estoy enamorada de él y él está enamorado de mí. Soy muy joven. Tengo entre 14 o 15 años.

A: Quiero que mires al soldado a los ojos. ¿Has visto esos ojos antes?

M: Sí los he visto. Es Kevin —respondió llorando y haciendo referencia a una pareja que tuvo en la vida actual.Es relevante resaltar que, cuando llegamos a la vida de Rachel, lo primero que expresó Marcela fue haber reconocido al soldado herido, diciendo que era ahí donde lo veía por primera vez. ¿Cuántas otras veces lo habría visto? ¿Desde hace cuánto tiempo ambos vendrían trabajando lecciones a nivel del alma? Lo que sucedería a continuación nos daría las respuestas a las experiencias en la vida como Marcela.

A: Quiero que te traslades al momento en el que averiguas si puede escapar o no. Tres, dos, uno. Ya estás ahí.

M: Estamos en los límites de la granja, escondidos detrás de un árbol. Hay una cerca grande, y me entrega una cuchara. No lo entiendo. Me da una cuchara de plata y, de alguna manera, es un regalo para mí. Tiene algo gravado en ella.

A: ¿Qué es lo que dice?

M: "Dado este día 1776, yo, Arnie Echols, Hessian Officer, da en gratitud a Rachel K. Neal".

Durante la escritura de este libro, reparé un momento en buscar el significado de *Hessian Officer* y encontré lo siguiente:

Los Hessian Officers eran soldados alemanes que sirvieron como auxiliares del ejército británico durante la guerra de Independencia de los Estados Unidos.

A: ¿Qué ocurre después de que te da esa cuchara?

M: Me la da y me da un beso de despedida. Soy una joven *Quaker* y no podemos tener nada que ver con la guerra —expresó llorando desconsoladamente—. Somos pacifistas y pacíficos, y él es un soldado alemán. Si se queda en nuestra comunidad causará una gran vergüenza a nuestra familia. Él se tiene que ir porque ya está lo suficientemente sano. Mi familia hizo que se fuera. No sé si lo volveré a ver. ¡Oh, Dios!

Los Quakers, también llamados Amigos, pertenecen a un conjunto de denominaciones históricamente cristianas (protestantes) conocidas formalmente como la Sociedad Religiosa de los Amigos.

A: Adelántate al siguiente suceso trascendental. Veamos qué sucede. Tres, dos, uno. Ya estás ahí.

M: Soy una anciana y estoy sola.

A: Hasta aquí, ¿cuál ha sido el momento más difícil de la vida de Rachel?

M: Despedirme de él. ¡Lo amaba tanto!

A: Voy a contar del tres al uno y quiero que regreses al momento en que te estás despidiendo de él. Permite que tu cuerpo sienta todo lo que necesite sentir y hacer. Tres, dos, uno. Ya estás ahí.

M: Mi corazón se está rompiendo. ¡Lo extraño tanto! Sé que lo voy a extrañar para siempre —expresó llorando y moviendo la cabeza de lado a lado—. Aún lo extraño por siempre.

A: ¿Cuáles son tus reacciones físicas mientras te despides?

M: Mi corazón se está rompiendo y se siente vacío.

A: Y, mientras tu corazón se rompe y está vacío, ¿cuáles son tus reacciones emocionales?

M: Siente la pérdida. No puedo hacer nada para que regrese. No puedo cambiar a mi gente, ni puedo cambiar la guerra, tampoco puedo cambiar toda esta insanidad, esta locura. Quiero mi propia vida, pero no es mía. Pertenezco a una cultura en la que no puedo ser yo misma.

A: Y, ¿cómo todo esto está perjudicando tu vida como Marcela, cuando dices "tengo el corazón roto, siento la pérdida, no puedo cambiar a la gente, ni cambiar mi vida"? ¿Qué te hace hacer eso en tu vida como Marcela?

M: Me hace querer ayudar a la gente. Siempre quiero ayudar a sanar a otros.

A: ¿Esto qué te impide hacer?

M: Siento que el amor nunca es mío, solo un poco y luego desaparece. Nunca se queda, nunca se queda —respondió entre lágrimas.Hasta aquí teníamos la explicación a la conducta de Marcela con sus parejas cuando estaba a punto de formalizar el compromiso, pero faltaría algo más por descubrir.

Continuamos navegando la vida pasada como Rachel, ayudándola a atravesar el momento de la muerte de ese cuerpo mientras se encontraba sola en su cama. Su familia y amigos estaban a su alrededor, se sintió amada y lista para partir. Luego de esto, se vio flotando sobre su cuerpo describiendo cómo su cuerpo lucía como dormido y vestido con un sombrero Quaker.

A: ¿Qué tenías que aprender en esa vida que acaba de terminar?

M: Oh, sentí tanto amor. Tuve tanto amor.

A: ¿Quién te dio ese amor?

M: El soldado. Arnie y yo nos amamos tanto. No solo a nivel del cuerpo, sino aún más profundo.

A: Toma conciencia de que, con la muerte de ese cuerpo, esa experiencia ha culminado para siempre y que nada de eso te afectará más. Ahora, quiero que le hables al alma de ese soldado. Dile que lo amaste en esa vida y que esa vida ya acabó. Quiero que te liberes del sentimiento de extrañarlo porque luego estarás en otro cuerpo y encontrarás otras parejas y necesitas ser libre.

M: ¡No quiero ser libre! —exclamó interrumpiéndome—. No le quiero decir adiós.

A: Bueno, ahora entiendes por qué en tu vida como Marcela el amor nunca se queda, porque no quieres despedirte de él. Esto depende de ti. Puedes quedarte atrapada en esa vida o dejar tu alma libre. Si están destinados a estar juntos se encontrarán nuevamente, pero no te puedes cerrar a conocer otros hombres.

M: Está bien.

A: ¿Le hiciste alguna promesa?

M: Sí, la hice.

A: Regresa a ese momento en el que le estás haciendo la promesa. Tres, dos, uno. Ve nuevamente a ese momento. ¿Qué le estás diciendo?

M: Te extrañaré y te amaré por siempre. Te amaré por siempre y nunca te olvidaré.Finalmente, habíamos encontrado la pieza que nos faltaba. Era esta promesa la que tenía a su alma atrapada en esa vida, esperando al soldado, amándolo por siempre y no olvidándolo tal cual lo había prometido.

A: Ahora, ¿entiendes por qué tu alma se siente de esa manera, incluso en tu vida como Marcela? ¿Entiendes por qué el amor no se queda? La vida como Rachel ya acabó y tu relación con él también. Ahora, quiero que le expliques que no lo puedes esperar por siempre y que no lo puedes amar para siempre, que lo amaste en ese cuerpo, pero esa vida ya culminó. Explícale eso.

M: Por favor, por favor, entiende. Tengo que seguir adelante y tú tienes que seguir adelante. Te amé tanto. Por favor, toma eso contigo y yo lo llevaré conmigo, pero tengo que seguir adelante hacia otra vida.

A: Explícale que esa promesa fue en ese cuerpo y en esa vida, pero que ya terminó.

M: Esa promesa que te hice fue en ese cuerpo y en esa vida. Tengo que seguir adelante y vivir otra vida y amar nuevamente.

A: Presta atención a lo que él te dice.

M: Dice gracias. Me salvaste la vida y siempre estaré agradecido. Siempre te amaré, pero te dejo ir.

A: Díganse el uno al otro que ahora son libres.

M: Arnie, eres libre para amar nuevamente y yo soy libre ahora también.

Habíamos encontrado el origen del síntoma que Marcela trajo a la sesión. Su alma estaba atrapada en la vida de Rachel con el soldado, producto de una promesa de amor.

Recordemos que quien hace la promesa no es el cuerpo sino el alma, y que, para el alma, el tiempo no existe. Para el alma de Rachel, que es la misma que la de Marcela, la promesa seguía en pie y, al llegar el momento de formalizar su compromiso con otras parejas en la vida actual, era más que probable de que su alma sintiera que le estaba faltando a la promesa del soldado.

Al tomar conciencia de la consecuencia de la promesa, Rachel (Marcela), accedió a romperla liberándose a ella y al soldado.

La bruja

Durante una de las formaciones de Introspective Hypnosis en Holanda, Caroline, quien había venido experimentando diferentes emociones durante los ejercicios en clase, llegó al último día sintiendo dolor de cabeza y mucha tristeza. Tan severo era su malestar que su intención era abandonar la sesión. Le dije que se tranquilizara pues estaba sintiendo lo que debía sentir. Ese último día estuvo dedicado a las prácticas entre participantes y a demostraciones mías de la técnica. Debido a esto último, le pedí que se quedara ya que sabía que su malestar era resultado del trabajo espiritual que había venido realizando durante los días anteriores. Caroline decidió confiar en lo que le había dicho y se quedó en clase esperando su turno para formar parte de una de las sesiones de demostración, tal como se lo había ofrecido. Esto es lo que sucedió luego de que entrara en trance:

Antonio: Voy a contar del cinco al uno e irás al origen de todo eso que estás sintiendo. Permite que tu alma sienta y haga todo lo necesario. Cinco, cuatro, tres, dos, uno. Ya estás ahí. Muy bien, en ese lugar en el que te encuentras ahora, ¿es de día o de noche?

Caroline: No lo sé. Está oscuro.

A: Muy bien. Y, en esa oscuridad, ¿sientes que tienes cuerpo?

C: Sí.

A: ¿Sientes que estás de pie o sentada?

C: Estoy sentada.

A: Y, mientras estás sentada en la oscuridad, ¿el cuerpo se siente de hombre o de mujer?

C: De mujer mayor.

A: Y, mientras estás sentada en este lugar oscuro, ¿qué estás sintiendo?

C: Dolor.

A: Eso es. Y, mientras sientes ese dolor en esa oscuridad y en ese cuerpo, ¿dónde estás sintiendo ese dolor?

C: En mi cuello —contestó mientras su cuerpo comenzaba a estremecerse como si estuviese a punto de convulsionar.

A: Y, si supieras, ¿qué está ocasionando ese dolor?

C: Estoy encadenada —dijo llorando.

A: Y, mientras estás encadenada, ¿cómo se siente tu cuerpo?

C: Con dolor.

A: Y, mientras sientes ese dolor, ¿qué emociones estás experimentando?

C: Estoy triste —respondió mientras las lágrimas corrían por sus mejillas.

A: Y, mientras te sientes triste, ¿en qué estás pensando?

C: ¡Soy inocente! —vociferó llorando más profundamente.

A: ¿Por qué piensas que estás encadenada?

C: Porque me van a matar.

A: ¿Por qué te van a matar?

C: Porque piensan que soy una bruja.

A: Desde ese lugar donde estás, voy a contar del tres al uno y vas a ir al momento previo a entrar en ese lugar. Tres, dos, uno. Ya estás ahí. ¿Dónde estás?

C: Estoy en un castillo.

A: Mira tus pies. ¿Qué estás usando?

C: Sandalias.

A: ¿Qué estás vistiendo?

C: Lino blanco.

A: Y, ¿qué estás haciendo en ese castillo?

C: Estoy en los jardines disfrutando. El sol brilla y estoy recogiendo hierbas.

A: Y, ¿qué haces con esas hierbas?

C: Las pongo en una olla.

A: ¿Concinas algo con ellas?

C: Sí, té.

A: ¿Para qué usas ese té?

C: Es medicina.

A: Y, ¿para qué lo empleas?

C: Para todo tipo de cosas.

A: ¿Quién te ha enseñado a usar hierbas para hace té?

C: Mi abuela.

A: Muy bien, vamos a alejarnos de esa escena hasta el momento en el que alguien viene por ti. Veamos qué ocurre cuando te ponen en ese lugar oscuro —le indiqué mientras su cuerpo temblaba—. Tres, dos, uno. Ya estás ahí.

C: Están gritando.

A: ¿Quién está gritando?

C: Los hombres de la villa.

A: ¿Por qué están gritando?

C: Están acorralando a las mujeres.

A: ¿Sabes si vienen por ti?

C: Sí —respondió llorando.

A: Muévete al momento en que vienen por ti. Tres, dos, uno. Ya estás ahí.

C: Están gritando mi nombre. Llevan antorchas con ellos, fuego.

A: ¿Qué más sucede?

C: Me encuentran en mi casa.

A: Ahora, quiero que te muevas al momento en el que estás en ese lugar oscuro y solitario. Uno, dos, tres, ¿qué está pasando?

C: Estoy desnuda y sucia.

A: ¿Hay alguien más en ese lugar contigo?

C: Sí, otras mujeres.

A: ¿Sabes qué te va a pasar?

C: Dicen que nos van a colgar, pero se están tomando el tiempo que quieren. Hemos estado aquí tanto tiempo. Me estoy volviendo loca.

A: Ahora quiero que te muevas al momento en que muere ese cuerpo. Tres, dos, uno. Ya estás ahí.

Tan pronto llegué al número uno, su cuerpo comenzó a convulsionar bruscamente mientras su respiración se tornaba entrecortada, mostrando que estaba experimentando algo traumático.

A: ¿Qué está ocurriendo?

C: Estoy detrás de un carruaje. Me están arrastrando.

A: Y, mientras te están arrastrando, ¿qué es lo que estás sintiendo?

C: ¡Dolor!

A: ¿Dónde sientes ese dolor?

C: En mi cabeza y en mi espalda —contestó mientras las convulsiones continuaban.

A: Y, mientras experimentas ese dolor, ¿qué emociones están surgiendo?

C: Rabia.

A: Y, mientras sientes ese dolor y esa rabia, ¿qué estás pensando?

C: Voy a morir.

A: Quiero que vayas al momento en el que ese cuerpo muere. Tres, dos, uno.

C: Me he desmayado.

A: ¿El cuerpo está vivo o muerto?

C: Casi muerto.

A: Mientras te encuentras desmayada, ¿dónde está tu espíritu?

C: Está a casi tres metros sobre el cuerpo.

A: Ahora, muévete al momento en que te aseguras que ese cuerpo está muerto.

C: Ya está muerto.

A: Ahora que ese cuerpo está muerto, ¿qué piensas que debías aprender en esa vida?

C: Dolor.

A: ¿Cómo te beneficia aprender sobre el dolor desde el punto de vista del alma?

C: Crear empatía.

A: Dado que ya aprendiste sobre el dolor porque ya lo experimentaste, ¿no crees que ya debería terminarse?

C: Sí.

A: Entonces, no hay razón para traerlo a este cuerpo, al cuerpo de Caroline. ¿Tiene sentido traer un dolor que no le pertenece a este cuerpo?

C: No, pero ella también tiene mucho dolor.

A: Entonces, ¿qué consejo le puedes dar?

C: Que use esa empatía con ella misma. Ella ama a todo el mundo y es empática con otros, pero tiene muy poco amor propio.

Fue así como Caroline llegó a la raíz de los síntomas psicosomáticos que tenía y que habían comenzado a acentuarse durante los días de práctica en la clase de Introspective Hypnosis. El dolor de cabeza y de cuello estaban relacionados a la agonía del cuerpo de la mujer que había sido ejecutada injustamente.

La tristeza y las otras emociones que sentía también estaban asociadas al tiempo en el que había estado encerrada sin saber cuándo la iban a ejecutar. Es por eso que, durante la navegación por esa vida pasada, le hice todas las preguntas necesarias para que pudiera revivir la muerte de forma física, emocional y mental, dándole finalmente la oportunidad a su alma de completar todo aquello que había quedado inconcluso para así acabar con su atrapamiento. Cuando empecé a sacar a Caroline del trance hipnótico, podía verse otra expresión en su rostro. Se le veía más alegre y animada. Cuando finalmente abrió los ojos, lucía resplandeciente y soltó unas carcajadas para dejarnos saber lo bien que se sentía.

ENERGÍA MASCULINA Y ENERGÍA FEMENINA

El ser humano, tanto el hombre como la mujer, posee estos dos tipos de energía. Un cuerpo de mujer canaliza de mejor forma la energía femenina, mientras que el cuerpo del hombre canaliza la energía masculina de manera más óptima. Pensemos en la representación del ying y el yang. En la sección blanca hay un poco de negro, y en la negra un poco de blanco.

Para nuestro bienestar físico, mental y emocional es crucial que estas energías se hallen balanceadas y reconciliadas, de lo contrario, este desbalance se manifestará en síntomas físicos, emocionales o mentales. Tanto este concepto, como la importancia del balance de las energías, lo aprendí de mi maestro José Luis Cabouli durante el taller Sanando el Femenino Herido.

Energía masculina

Representada en el planeta por el cuerpo del hombre, es la energía de la acción, decisión y ejecución. Pensemos en ella como la del cazador de la prehistoria que salía a buscar el alimento para su familia, o como la del conquistador. También se interpreta con la fuerza.

Energía femenina

Representada en este planeta con el cuerpo de la mujer, es la energía de la creatividad e intuición. Es pasiva y nos conecta con nuestra alma, esencia y divinidad, pues lleva consigo el misterio de la creación. En otras palabras, podríamos decir que es la energía de la gestación del universo.

***

A lo largo de los años, la energía femenina ha sido relegada por gran parte de la humanidad, que ha preferido los bienes materiales y deseos terrenales que aquella conexión con su propia esencia. Se sabe que, en la prehistoria, el hombre reconocía esta energía femenina y le rendía tributo. Se han hallado figuras de barro, esculturas y dibujos en cuevas en donde se ven representadas deidades femeninas, las cuales eran adoradas.

Luego, cuando el hombre comenzó a trabajar con los metales y creó la espada, se dio cuenta que con esta podía conquistar otros pueblos y que ahora tenía el poder de decidir sobre la vida y la muerte. Es en ese momento que el hombre empezó a valorar más la fuerza, el poder y el control sobre la vida, que la creación. De adorar a deidades femeninas, el hombre pasó a adorar a dioses guerreros, iniciando así la supremacía de la energía masculina y la supresión de la femenina, y, por ende, la dominación sobre la mujer en quien esa energía se ve representada. Estamos hablando que han existido y existen miles de generaciones desbalanceadas energéticamente.

José Luis Cabouli, como muchos de los que practicamos la hipnosis espiritual, al inicio de su carrera estuvo enfocado en sanar el trauma, en solo tratar el origen del síntoma para que este desapareciera y su paciente sintiese alivio. Con el tiempo se dio cuenta que, para ayudar a sus pacientes, no bastaba solo con eso, sino que también era necesario sanar las energías, especialmente la femenina que es la que más ha sido suprimida y dominada. El no tener esta energía balanceada y reconciliada con la masculina provoca una serie de síntomas y patrones de conducta en la persona afectada.

La invalidación de esta energía y, en consecuencia, las heridas que surgen en ella pueden generarse en las siguientes etapas:

- En vidas pasadas
- Durante la concepción
- Durante el embarazo
- Durante el nacimiento
- Durante la primera infancia

Cuando una persona llega a mi puerta en busca de ayuda, no me dice "necesito una sesión para sanar mi lado femenino herido", ni "necesito balancear mi energía femenina y masculina". El individuo llega a la sesión con síntomas de los que muchas veces no tiene sospecha alguna de sus orígenes. Estos pueden ser:

- Conflictos con las parejas
- Dificultad para encontrar la pareja correcta
- Inhabilidad de salir de relaciones abusivas
- Miedo a quedar embarazada
- Miedo a tener hijos
- Dificultad en sus relaciones sexuales
- Problemas con la menstruación
- Bloqueo de las habilidades creativas
- Dificultad para expresarse y comunicarse

Si bien menciono patrones que se manifiestan solo cuando la energía femenina ha sido herida o dañada, estos también pueden perjudicar al hombre: primero, porque el hombre también ha tenido vidas como mujer; y, segundo, porque si nuestra madre experimentó alguno de esos síntomas mientras estuvimos en su vientre, podría también afectarnos. No importa si actualmente tenemos cuerpo de mujer o de hombre.

A continuación, repasemos cada una de las etapas nombradas y las molestias y/o patrones que pueden aparecer en ellas:

En vidas pasadas

Muchas de las personas que tuvieron una sesión conmigo regresaron a vidas en las que habían sido culpadas, torturadas y ejecutadas. Todos sabemos que antiguamente hubo mucha gente acusada de brujos o brujas por el solo hecho de creer o de hablar de temas metafísicos. Mujeres que en realidad eran sanadoras y usaban sus manos para curar fueron acusadas, por ignorancia, de brujas.

También están aquellos que tenían conocimiento medicinal de plantas y hierbas, ya sea en su forma natural o como brebajes. Ni qué decir de los que tenían el don de la videncia o de la mediumnidad, y eran acusados de tener un pacto con el diablo o con la oscuridad.

Estas personas no solo guardaban el trauma de haber sido acusados injustamente, de estar frente a una multitud que le gritaba todo tipo de insultos, de haber sufrido la tortura y luego la muerte, sino que también cargaban con ellos la anulación de su energía creativa con pensamientos o decretos como estos:

- "Sanar es peligroso".
- "Nunca más usaré mis manos para sanar".
- "Ayudar a otros puede acabar con mi vida".
- "No pueden saber quién soy yo en realidad".

Y, no queda ahí. Existen otras formas en las que se reprimió negativamente esta energía. Solo basta con mencionar los tipos de torturas a las que eran sometidas las mujeres en los siglos pasados. Se pueden encontrar obras que las ejemplifican, como El martirio de Santa Águeda, del pintor Sebastiano del Piombo, donde se muestra cómo sus senos son arrancados con unas tenazas. En cuanto a la tortura hacia la mujer a través de la historia del mundo, se puede apreciar que hubo un ensañamiento con los órganos femeninos puesto que estos representaban la creación y llevaban el secreto de la vida, algo que el hombre no llegaba a entender y a lo que parece le tenía miedo.

Hay otros eventos en vidas pasadas que pueden haber dañado la energía femenina, como el robo de niños, los rituales que incluían el sacrificio de niños, la soledad de la mujer cuando su pareja o hijos partían a la guerra e incluso la misma pérdida de sus parientes durante la guerra, los abusos cometidos por oficiales y soldados, etcétera. ¿Qué tipo de decreto podría generar esto en el alma y el subconsciente?

- "¿Para qué tener hijos si me los van a robar?".
- "¿Para qué tener hijos si me los pueden matar?".
- "Amar a los hijos es doloroso".
- "Ser madre es peligroso".

Hace unos meses tuve una sesión con una mujer que me contó que no tenía hijos y que tampoco deseaba tenerlos porque sentía que era mucha responsabilidad para ella. También se sentía muy triste constantemente, con una sensación de culpa inexplicable y de no poder tener gozo en su vida. Una vez que estuvo en trance hipnótico y que comenzamos a explorar los síntomas que había mencionado, la joven llegó a una vida pasada donde era muy pobre, pasaba mucha hambre y tenía siete hijos. En uno de los eventos que visitamos me dijo llorando que se le habían perdido dos de sus hijos y que no se perdonaba por ello. Cuando llegamos al momento de su muerte, confirmó que nunca los pudo encontrar y que se sentía culpable por no haber podido cuidarlos. Ella sentía que había fracasado como madre. Este fue la pauta que trajo a su vida actual y el motivo de las molestias que había sentido toda su vida.

Durante la concepción y el embarazo

En el capítulo sobre el atrapamiento del alma pudimos ver cómo el alma del bebé dentro del vientre puede ser afectada por todo lo que le sucede a la madre, como miedos, fobias, conflictos emocionales, el lugar o la cultura en la que se encuentra, entre otros factores. La invalidación de la energía, especialmente la femenina, comienza desde el vientre materno. Si la madre se encuentra en una relación abusiva, inestable o pertenece a una sociedad y cultura donde la mujer es fuertemente reprimida, el alma que ocupa el cuerpo del bebé no solo podrá quedar atrapada en la experiencia en el vientre, sino que también su energía femenina se verá perjudicada, sin importar si nacerá un niño o una niña.

Y, si meditamos acerca de todo lo que puede experimentar el alma de un bebé que ha sido producto de una violación, en donde la madre no solamente pudo haber sido dañada a nivel físico sino también emocional. Incluso, la violación también pudo haber ocasionado la fragmentación del alma de la madre. Seguramente, ese pequeño o pequeña llevará consigo una sensación de rechazo, de no ser querido, y tendrá dificultades para amarse a sí mismo y a darse el lugar que merece. Durante el tiempo en el vientre de su madre, el bebé no sabe qué emociones le pertenecen a él y cuáles a la madre, pues las siente todas como suyas. Y, como he explicado anteriormente, cuando este nazca, todo lo que experimentó quedará grabado en su subconsciente generándole todo tipo de síntomas y patrones de conducta.

¿Es entonces el bebé una víctima de esta situación? Desde el punto de vista de la espiritualidad y de la reencarnación, el alma que está ocupando el cuerpo de ese bebé sabía desde antes la situación que iba a enfrentar y aun así eligió vivirla. Recordemos que nosotros escogemos a nuestros padres antes de nacer de acuerdo a lo que tengamos que experimentar a través de ellos en los primeros años de vida, en los que somos completamente vulnerables.

Luego, la amnesia espiritual a la que estará expuesto una vez que nazca hará que esta circunstancia se convierta en una verdadera lección para él. El bebé iniciará su vida siendo afectado por todo eso que experimentó en el vientre y en su camino de evolución no solo deberá aprender el para qué de esa situación, sino que deberá aprender lo opuesto a lo que experimentó desde el inicio de su vida: si experimentó el desamor, es más que seguro que deberá aprender el amor; si experimentó la falta de conexión, es más que seguro que deberá aprender a conectarse con los demás. Pero en todo este proceso de evolución y aprendizaje, será influido por los síntomas y patrones de conducta desarrollados durante su tiempo en el vientre. Estos son algunos ejemplos:

- "Nadie me quiere".
- "Sería mejor no haber nacido".
- "Las relaciones íntimas son peligrosas".
- "Siento que no soy dueño de mi vida".
- "El amor no existe".
- "Para qué traer hijos al mundo si solo vienen a sufrir".
- "Ser mujer es ser abusada".
- "Solo me tengo a mí mismo".

Durante el nacimiento y la primera infancia

En la actualidad, aún existen culturas y sociedades donde se le otorga un mayor valor al hombre que a la mujer. Esto se puede apreciar desde el momento del nacimiento y la primera infancia. A las niñas se les enseña a hacer las tareas domésticas y a obedecer a su marido. Aprenden a cocinar, limpiar, bordar y coser, mientras son preparadas para ser amas de casa y consentir al esposo. En algunos países, las mujeres ni siquiera tienen derecho a la educación.

Sin ir muy lejos, en China, donde se controla el número de hijos que una pareja puede tener, la mayoría de bebés que son dados en adopción pertenecen al género femenino. Ante la limitación en la cantidad de hijos, los padres a veces eligen quedarse con el varón, quien podrá ayudar a trabajar la tierra o a mantener a la familia.

Desde la infancia, tanto los niños como las niñas son programados, siendo generalmente las mujeres las más afectadas al ver su energía quebrantada. Esto dejará heridas emocionales que se manifestarán en patrones de conducta que limitarán su creatividad y la conexión con su esencia.

Desde el punto de vista terapéutico, todo esto representa un gran reto, especialmente para aquellos que aprendieron y que practican la técnica Introspective Hypnosis en los países donde el sexo femenino es fuertemente reprimido. Muchas de las mujeres que acuden a una sesión en busca de ayuda, les resulta difícil entender que las víctimas no existen, que toda circunstancia dolorosa encierra una lección y que todos comenzamos experimentando lo opuesto a lo que debemos aprender. Muchas mujeres se encuentran atrapadas en el rol de víctima, causándoles todo tipo de problemas. No es raro escuchar las siguientes expresiones de este tipo de personas:

- "Esto es lo que merezco".
- "Mi deber es obedecer a mi marido".
- "Todo lo que me pasa es castigo de Dios".
- "Debo ser obediente".
- "Siempre debo apoyar a mi esposo, aunque piense que está equivocado porque él es el que mantiene a la familia".
- "Sin mi esposo no podré mantenerme a mí misma".

Son estas frases las que, pronunciadas durante la entrevista previa a la sesión, pueden hacernos sospechar que la energía femenina se encuentra herida y que la parte creativa y la conexión con su divinidad pueda haber sido anulada.

Durante la adolescencia, existen otras circunstancias que también pueden reprimir la energía femenina, como los casos de violencia doméstica y de alcoholismo. En hogares donde hay un padre que abusa física o emocionalmente de su mujer, no es solo ella la víctima de esta situación, sino los hijos también. Los eventos de terror y pánico que los niños puedan enfrentar durante el abuso no solo los marcará de manera emocional y energética, sino que también podría fragmentarse su alma.

He podido ver en las sesiones muchos de estos casos. En su mayoría, a nivel emocional, las niñas crecen y terminan repitiendo el patrón de conducta de la madre. En el caso de los hombres, al crecer muchas veces adoptan el comportamiento de sus padres, ya sea el de mujeriego o hasta alcohólico, no importando que reconozcan cuánto habían sufrido a causa de él. Sin poder entender el porqué de su conducta y sin poder controlarla, se vuelven a su vez víctimas al ver el sufrimiento de sus propios hijos, tal como ellos lo padecieron. A los hombres con la energía masculina herida se les puede escuchar expresiones como:

- "El hombre no llora".
- "El hombre nació para mandar".
- "La mujer solo sirve para atender la casa y los hijos".
- "Un macho de verdad es el que tiene más de una mujer".
- "En mi casa mando yo".
- "Esto es así porque lo digo yo".
- "A mí ninguna mujer me deja".

Estas expresiones no solo muestran una clara desconexión con la energía femenina, sino también un rechazo y represión de la misma. Para la familia, esto termina convirtiéndose en un círculo vicioso.

Otros eventos traumáticos que dañan la energía femenina y la masculina durante la infancia son las violaciones y tocamientos indebidos, pero he decidido dedicar un capítulo entero a este tema debido a su relevancia y frecuencia.

Reconciliando las energías

Conforme ha ido pasando el tiempo y he ido adquiriendo más experiencia y conocimiento en la práctica de la hipnosis, especialmente en la técnica de Terapia de vidas pasadas, he podido darme cuenta que no es suficiente con ayudar a la persona a sanar sus traumas, sino que también es necesario reconciliar y balancear las energías femenina y masculina. Pero, ¿por qué es este un paso importante en el proceso de sanación?

- Si las energías no están balanceadas, nos sentiremos incompletos.
- Si el hombre rechaza la energía femenina, tendrá problemas tratando de conseguir una compañera.
- Si la mujer rechaza la energía masculina, tendrá problemas tratando de conseguir un compañero.
- Si la energía femenina está dañada, la parte creativa estará bloqueada.
- Si la energía masculina está dañada, lo que crea esa mujer no tendrá acción y los proyectos no se llevarán a cabo.
- Si la energía femenina está dañada, entonces estaremos desconectados de nuestra esencia y de nuestra alma.

Recordemos que todo esto aplica para hombres y mujeres, pues en vidas pasadas hemos tenido un género diferente. La sanación radica en reconocer que ambas energías viven en nosotros, en aprender a respetarlas y abrazarlas, sanándolas y logrando un perfecto balance entre ellas.

La desconexión de Lucy

Cuando conocí a Lucy, una hermosa joven de 28 años, me comentó que se encontraba sola y que nunca había podido enamorarse de nadie. Había tenido parejas anteriormente, pero nunca había sentido una conexión ni el amor que hubiese querido sentir por ellos. Lucy atribuía esa falta de conexión a la ausencia de su padre, quien nunca estuvo presente en su vida y a ciertos incidentes que tuvo con su padrastro.

Lucy también me contó cómo siempre había sentido una falta de conexión con su madre, pues sentía que su progenitora había estado con ella físicamente, pero no emocionalmente.

Antonio: Mientras vas inhalando y exhalando, quiero que pienses en este problema de conexión que tienes con la energía masculina. Permite que tu cuerpo lo sienta. Y, mientras hablamos de todo esto, quiero que sientas tu cuerpo. ¿Qué experimenta tu cuerpo cuando siente esa desconexión con la energía masculina?

Lucy: Siento como si quisiera levantar mis manos y cruzar mis piernas para protegerme de ella.

A: Muy bien, entonces has eso. Siente que tienes que protegerte. Si supieras, ¿de qué tienes que protegerte cuando cruzas tus brazos y tus piernas?

L: Siento que me tengo que proteger porque alguien me quiere violar —respondió haciendo gestos de sentir molestia.

A: Eso es, experimenta eso con más intensidad aún. ¿Qué se siente cuando alguien te quiere violar?

L: Siento dolor en mi estómago y todo se contrae.

A: Muy bien, siente eso con más intensidad ahora. Permite que tu cuerpo haga todo lo que tenga que hacer mientras cuento hasta tres. Uno, dos, tres. ¿Dónde estás mientras alguien está tratando de abusar de ti?

L: Estoy en un auto con mi primer novio. Estamos besándonos y él está tratando de avanzar un poco más, pero yo no quiero.

A: Continúa. ¿Qué más sucede?

L: Termino por aceptar.

A: Eso es. Siente que estás aceptando y, mientras lo haces, ¿qué estás sintiendo?

L: Pasiva, y no siento casi nada. No soy sensible al tacto y a nada. Me siento adormecida.

A: ¿Qué más está ocurriendo?

L: Él es dominante. Me dice lo que tengo que hacer y termino haciendo lo que él quiere que haga, pero no siento nada.

Hasta aquí, Lucy estaba confirmando la manera en que se relacionaba con la energía masculina. Ella era sumisa y accedía a hacer algo que no quería sin poder o querer percibir más, y sintiéndose completamente desconectada.

A: Hasta aquí, ¿cuál ha sido el momento más difícil de esta experiencia?

L: La confusión de ver cómo dejé que esto pasara.

A: Y, mientras estás confundida dejando que esto suceda, ¿cuáles son tus reacciones físicas?

L: Puedo percibir en mi cerebro lo que estoy pensando, pero de mi cuello para abajo no siento nada.

A: Y, mientras no sientes nada del cuello para abajo, ¿cuáles son tus reacciones emocionales?

L: Me resisto a sentir y trato de mantenerme en calma y mantenerme en mi cuerpo mental, tratando de hacer sentido de todo.

A: ¿Cuáles son tus reacciones mentales?

L: Esto no debería ser así.

A: Ahora, quiero que recuerdes cómo se siente esto de estar en tu cabeza rehusándote a sentir, mientras tu cabeza está desconectada del resto del cuerpo. Voy a contar del tres al uno y quiero que retrocedas a otro momento en el que te hayas sentido de la misma manera. Permite que tu cuerpo sienta todo lo que deba sentir y hacer lo que tenga que hacer mientras cuento. Tres, dos, uno. Ya estás ahí. Si supieras, aunque pienses que lo estás imaginando, ¿dónde estás?

L: Estoy en el vientre de mi madre.

A: Eso es, continúa.

L: Ella se siente adormecida.

A: Siente ese adormecimiento. Ahora, pregúntale a tu madre por qué se siente así.

L: Ella está pensando "¿por qué me está pasando esto?" —me dijo comenzando a llorar.

A: ¿A qué se está refiriendo?

L: A estar embarazada. Se siente triste.

A: Fíjate qué está sucediendo afuera. ¿Qué dice la gente? ¿Dónde está tu padre?

L: No está ahí, él la dejó. Ella está en casa de mis abuelos con sus seis hermanos. Todo lo que veo es que ella está sola en la casa y nadie le habla o se preocupa por ella. Cada uno está en sus propios asuntos, como si no fuese un gran acontecimiento que su primera hija esté embarazada.

Aquí podemos empezar a notar el instante en el que habría comenzado Lucy a sentir esa desconexión de la energía masculina: el abandono de su padre y el lamento de su madre por estar embarazada, haciendo que Lucy se sienta no deseada.

A: Y, ¿cómo te sientes al respecto?

L: Triste, me siento triste por ella.

A: Adelántate un poco más. ¿Qué más sucede?

L: Mi abuelo le está gritando. Le dice que fue una estúpida, que ni siquiera está casada y ahora tiene una bebé, entonces mi madre se desconecta. Se adormece porque es demasiado para ella.

A: Y, cuando tu madre se desconecta, ¿qué pasa contigo?

L: Pienso que no es seguro sentir. Cuando le pido a Lucy que se adelante un poco más, ella llega al momento de su nacimiento. Su madre estaba en el hospital y ya tenía algunas contracciones.

A: Hasta aquí, ¿cuál ha sido el momento más difícil de tu paso por el vientre de tu madre?

L: El no ser bienvenida.

A: Y, al no ser bienvenida, ¿cuáles son tus reacciones físicas?

L: Me adormezco, me desconecto.

A: Y, mientras te adormeces, ¿cuáles son tus reacciones mentales?

L: Que es mejor quedarme en mi cuerpo mental —respondió haciendo referencia a que era mejor no sentir.

A: Ahora, quiero que veas cómo todo esto está perjudicando tu vida como Lucy. Cuando dices "me adormezco, me desconecto, no siento nada y es mejor así". ¿Todo esto qué te hace hacer en tu vida como Lucy?

L: Protegerme.

A: Y, cuando te proteges, ¿eso qué te hace hacer?

L: Tratar de controlar las experiencias en vez de dejarlas fluir naturalmente.

Continuamos con el trabajo terapéutico llevando a Lucy a través del parto, mientras me describía todo lo que su madre y ella estaban sintiendo en ese momento. También mencionó sus ganas de no querer nacer, de quedarse en ese calor, en esa burbuja.

A: Y, ahora, ¿qué está sucediendo?

L: Estoy afuera, pero me están llevando.

A: ¿Qué pasó con tu mamá?

L: Está en cama respirando de manera agitada.

A: ¿Qué piensas que le está pasando?

L: Que finalmente ha procesado lo que acaba de suceder —expresó haciendo referencia a su nacimiento—. Ella estuvo sola durante el parto.

A: ¿Ha podido sostenerte en sus brazos?

L: No.

A: ¿Cómo te sientes?

L: Quiero ir hacia ella. Quiero estar con ella.

A: Hoy puedes hacer eso. Puedes ir hacia ella y sentir su energía. Ahora, pídele a tu madre que te de la energía que no te pudo dar en ese momento, tu energía femenina. Háblale y pídesela.

Fue así como Lucy le pidió a su madre que, por favor, le brindara la energía femenina que no le había podido dar en ese momento y la recibió llevándola a su pecho, a su alma. Luego, ayudé a Lucy a identificar cuáles de las emociones que había experimentado durante su gestación le pertenecían a su madre: el adormecerse, el pensar que sentir no es seguro y que sentir es peligroso.

Ese día, durante la sesión, también le pedí a Lucy que le hablara a su madre y le dijera que la quería, pero que tenía que devolverle todas esas emociones que eran de ella. Después de este ejercicio, procedimos a hacer el corte energético del cordón umbilical, en el que se afirma que, una vez hecho, ella estará desconectada de esas emociones para siempre para ser ella misma y estar libre de esas influencias.

Hasta aquí habíamos completado el trabajo terapéutico en esta vida, pero eso no era todo. Aún no habíamos hallado la raíz de esos síntomas, que, en su vida como Lucy, había experimentado por primera vez en el vientre de su progenitora. Solo era cuestión de pedirle a su espíritu que se dirija al evento que originó aquellos sentimientos:

El soldado romano y la joven

Antonio: Ahora voy a contar del tres al uno y le voy a pedir a tu alma que vaya al momento en que comenzó todo esto para ella. El evento que causó todo en esta vida. Tres, dos, uno. Ya estás ahí. Si supieras, aunque pienses que lo estás imaginando, ¿dónde estás ahora? ¿Cómo inicia esto para tu alma?

L: Es de noche. Veo templos blancos y estoy caminando. Soy una mujer. Estoy a travesando un sendero, yendo a un lugar y alguien vestido de soldado aparece por la izquierda y me agarra del cuello.

A: Eso es. Siente todo eso y continúa —le pedí mientras su rostro expresaba incomodidad—. ¿Qué sucede ahora?

L: Me baja el vestido y me inclina —narró con desagrado y empezando a llorar.

A: Eso es, un poco más. ¿Qué más sucede?

L: Me está usando. Está usando mi cuerpo para el sexo —dijo contrayendo el cuerpo y llorando.

A: Eso es, solo un poco más. Permite que tu cuerpo sienta todo lo que tiene que sentir. Adelántate al momento que haya terminado. ¿Qué pasa contigo?

L: Me empuja a un lado y me deja ahí.

A: Adelántate el siguiente evento. ¿Qué más ocurre?

L: Me quedo acostada ahí hasta que amanece y dos mujeres me encuentran. Me preguntan qué me pasó, pero no digo nada. Me llevan de regreso a mi casa. Olvido lo que ha pasado y nunca más hablo sobre eso.

A: Quiero que te adelantes al último momento de esa vida para ver cómo termina. Tres, dos, uno. Ya estás ahí. ¿Qué está pasando ahora?

L: Estoy en cama, enferma. No puedo respirar y mis pulmones se sienten pesados.

A: Continúa.

L: Soy una mujer mayor y estoy rodeada de mi familia.

A: Muy bien. Hasta aquí, ¿cuál ha sido el momento más difícil de esa vida?

L: El no hablar sobre este incidente con nadie.

A: Y, en ese momento, ¿cuáles son tus reacciones físicas?

L: Adormecimiento — respondió, demostrando que la tendencia a adormecerse para no sentir pudo haber comenzado en esa vida.

A: Y, mientras sientes ese adormecimiento, ¿cuáles son tus reacciones emocionales?

L: Me siento triste. No entiendo por qué me tuvo que pasar esto a mí.

A: Y, mientras te sientes triste, ¿cuáles son tus reacciones mentales?

L: Negación.

A: Ahora, quiero que veas cómo todo esto está afectando tu vida como Lucy, cuando te adormeces, cuando te sientes triste y cuando estás en negación. ¿Qué te hace hacer esto en tu vida como Lucy?

L: Espero experiencias negativas.

A: Y, cuando esperas experiencias negativas, ¿qué te impide hacer en tu vida como Lucy?

L: Es como si tuviera un filtro que no me permitiera tener experiencias positivas.

Hasta aquí habíamos encontrado el suceso que había originado el patrón de desconexión, de adormecimiento y sumisión que Lucy experimentaba en su vida. A continuación, la llevé nuevamente a la experiencia de la violación para esta vez ayudarla a desensibilizar el evento traumático y para permitirle a su alma que hiciera todo lo que no pudo hacer en ese momento: defenderse y recuperar la energía femenina que le había sido robada.

Después de eso, le pedí que regresara al momento de su muerte y le ayudé a tomar conciencia de todo lo que su cuerpo estaba sintiendo mientras moría. Una vez fuera del cuerpo, empecé a hablar con su espíritu. **A:** Quiero que te muevas al momento que sales de cuerpo y que observes esa vida que acaba de finalizar. ¿Qué es lo que piensas que debías aprender en esa vida?

L: No tiene sentido, pero lo que me llega a la mente es 'arreglarme con ciertas cosas'.

A: No tienes que hacer sentido de nada. Ahora, quiero que veas cómo eso se relaciona con la vida de Lucy. ¿Qué es lo que tienes que arreglar en la vida de Lucy?

L: Que ciertas cosas no son mías —contestó refiriéndose a la programación que llevaba en su mente a raíz de su estadía en el vientre de su madre.

A: Entonces estás manteniendo todo en tu cabeza. Incluso cuando esta mujer mayor falleció conservó todo en su cabeza. Elegiste desconectarte, elegiste no pensar y adormecerte. Pero esa acontecimiento pertenece a ese cuerpo, a esa vida y no tiene sentido que, en el cuerpo de Lucy, tengas que seguir desconectándote y adormeciéndote cada vez que ella se encuentra en esta situación con alguien que ella ama, que le gusta. ¿Tiene sentido?

L: No.

A: Date permiso de sentir con todo el cuerpo, con tu corazón, con tus órganos sexuales. No se trata de mantener todo en la mente. La mente muere con el cuerpo. Es hora de que comiences a sentir con tu alma.

Después de unos minutos más, empecé a sacar a Lucy del trance hipnótico. Había llorado mucho y su maquillaje estaba corrido. La sesión había sido muy intensa y emotiva para ella, pero pudo entender el origen de los patrones que se presentaban en su vida actual. Pudo concluir con el atrapamiento de su alma y recuperar su energía femenina, tanto en la vida pasada en la cual había sido violada, como en su vida actual en el cuerpo de Lucy.

Unos días después decidí llamarla pare preguntarle cómo había seguido después de la sesión. Me dijo que gracias a la sesión había podido darse cuenta de los problemas de conexión que había enfrentado a lo largo de su vida y que había estado repitiendo el patrón de su madre con los hombres. También me contó que ahora se sentía vulnerable, revelando que ya no se sentía desconectada de sus emociones.

El niño en el tren

Páginas atrás comenté que la energía femenina no es la única que puede resultar dañada, sino también la masculina. El caso de Joost, un joven carismático que llegó a mi oficina, es un ejemplo claro de ello. Cuando era niño, la relación con su padre fue cortada abruptamente luego de que su madre decidiera separarse. Joost nunca recibió una explicación, ni la verdadera razón por la que ella decidió irse de casa.

Durante la entrevista inicial también mencionó que no tenía muchos recuerdos de su infancia, algo que para mí podía significar que su mente consciente había bloqueado recuerdos traumáticos de esa época.

Antonio: Quiero que busques un recuerdo triste, algún acontecimiento que te haya afectado o hecho sentir mal. Contaré del tres al uno y estarás ahí. Tres, dos, uno. Ya estás ahí.

Joost: Lo primero que se me viene a la mente es que estoy en un tren.

A: Muy bien, continúa. ¿Qué está pasando?

J: Estoy con mi madre y mis dos hermanos. Nos hemos ido.

A: Continúa. ¿Qué más está pasando?

J: Estoy sorprendido.

A: ¿Qué te ha dicho tu madre? ¿Por qué están en ese tren?

J: Porque no es seguro quedarse. Mi madre dice que estamos yendo a un lugar seguro ahora.

A: Y, ¿cómo te sientes al respecto?

J: Mal porque no me pude despedir de mis amigos de la escuela.

A: ¿Eso cómo te hace sentir?

J: Me siento triste.

A: Siente todo eso con más intensidad, mientras ese tren te va llevando lejos de tu casa, de tus amigos y de tu padre. ¿Qué más sucede en ese tren?

J: Estoy confundido y llorando.

A: Entonces deja que ese niño llore pues tiene todo el derecho de hacerlo. Está confundido y se dirige a otro lugar, a un lugar seguro. ¿Qué te ha dicho tu madre? ¿Por qué no estabas seguro?

J: Mi padre trató de estrangular a mi mamá.

En este punto, haciendo uso de la técnica de cambio de rol, decidí pedirle que me dejara hablar con su madre.

A: Déjame hablar con tu madre. Tres, dos, uno. Cambia. Mary Ann, gracias por la comunicación. Veo que estás en un tren yéndote lejos con tus niños. ¿Qué está pasando? ¿Por qué te estás yendo con tus hijos?

Mary Ann: No es seguro quedarnos —respondió con una voz más firme— ni para mí ni para mis hijos.

A: ¿Le has explicado esto a Joost?

M: He tratado, pero aún es muy pequeño.

A: Él está tan confundido, yéndose de casa, alejándose de sus amigos. No comprende lo que está pasando. ¿

Qué le has dicho hasta ahora? ¿Le has contado lo que tu esposo trató de hacerte?

M: No.

Mary Ann se resistía a contarle a Joost el motivo por el que había decidido irse de casa con ellos. Su esposo, el padre de Joost, había intentado estrangularla en uno de sus constantes episodios de violencia. Ella continuó diciéndome que era muy joven, que no iba a entender y que se lo diría años más tarde cuando fuera mayor. Después de unos minutos más de conversación, Mary Ann accedió a contarle lo sucedido, pero, como veremos más adelante, no le contó todo.

A: Él está escuchando. Háblale.

M: Te amo. Esto es por tu propia seguridad y la mía también —dijo poniéndose emotiva—. ¿Qué pasaría si te hiciera daño o si le hiciera daño a tus hermanos? ¿Qué pasaría si la próxima vez me matase?

A: Mary Ann, dile lo que tu esposo te hizo.

M: Él se convierte en otra persona. Se molesta y se pone muy violento. Él trató de estrangularme.

A: Joost, ¿has escuchado a tu madre? ¿Entiendes lo que está diciendo?

J: Sí —contestó con expresión de tristeza.

A: ¿Entiendes que se van por tu propia seguridad? ¿Qué harías por proteger a tu madre de tu padre?

J: No lo sé.

A: Eres muy joven. Lo único que puedes hacer para protegerla es irte con ella para estar con ella. Ella te necesita, ¿no es cierto?

J: Sí.

A: Ahora entiendes por qué se están yendo y ya no tienes que sentirte confundido. Te vas para que tu madre y ustedes estén seguros. Hasta aquí, ¿cuál ha sido el momento más difícil de esta experiencia con tu madre y tus hermanos en el tren?

J: El no saber qué estaba pasando.

A: Y, mientras eso está pasando, ¿cuáles son tus reacciones físicas?

J: Lo siento en mi garganta, tanto en ese recuerdo como mientras estoy aquí sentado.

A: ¿Cuáles son tus reacciones emocionales?

J: Siento dificultad para expresarme.

A: ¿Cuáles son tus reacciones mentales mientras tienes dificultad de expresarte?

J: Siento todo aquí en mi garganta.

A: Ahora siente tu garganta. ¿Qué le está pasado a tu garganta? ¿Qué tipo de sensación es esta en tu garganta?

J: Se siente como si algo me estrangulara.

A: Siente eso más intensamente. Voy a contar del tres al uno y quiero que vayas al primer momento en que te sentiste de esa manera. Tres, dos, uno. Ya estás ahí. Si supieras, así pienses que lo estás imaginando, ¿dónde estás mientras sientes que estás siendo estrangulado?

J: Siento como si me estuvieran presionando —dijo haciendo gestos de incomodidad.

A: Si supieras, ¿dónde estás mientras te están presionando? Eso es, siente todo eso.

En ese momento, Joost comenzó a echar la cabeza hacia atrás como si alguien lo estuviese ahorcando. Su cuello mostraba una mancha roja y podía ver en su rostro lo incómodo que se sentía.

J: Siento que soy muy joven.

A: ¿Eres hombre o mujer? —pregunté tratando de averiguar si se trataba de un evento de esta vida o de una anterior.

J: Soy hombre.

A: Y, ¿cómo te llaman ahí?

J: Joost.

A: Muy bien, Joost. Si supieras, ¿dónde estás?

J: ¡Es mi padre!

A: Continúa. ¿Qué está ocurriendo?

J: Es incómodo —respondió con gran dificultad para respirar—. Está tratando de estrangularme.

A: Si supieras, ¿por qué está tratando de estrangularte?

J: No está en sí.

A: ¿Qué está sintiendo tu cuerpo?

J: Mucha presión en el cuello. Se me hace difícil hablar.

A: ¿Cuántos años tienes ahí aproximadamente?

J: Dos años —dijo con lágrimas en el rostro.

A: Hasta aquí, Joost, ¿cuál ha sido el momento más difícil de esa experiencia con tu padre?

J: No tener control.

A: Y, mientras no tienes control, ¿cuáles son tus reacciones físicas?

J: Entro en pánico.

A: Y, mientras entras en pánico, ¿cuáles son tus reacciones emocionales?

J: Creo que me anulo.

A: Y, cuando te anulas, ¿cuáles son tus reacciones mentales?

J: Me voy dentro de mí mismo.

A: Ahora, quiero que veas cómo todo esto está perjudicando tu vida como Joost, cuando entras en pánico, te anulas y te vas dentro de ti. ¿Todo eso qué te hace hacer en tu vida como Joost?

J: Hace que no me exprese lo suficiente.

A: ¿Eso qué te impide hacer?

J: Decir mi verdad.

En esta sesión habíamos encontrado un recuerdo que había sido reprimido, que había sido borrado de la mente consciente de Joost y del que obviamente no se acordaba. En esa vivencia su padre se encontraba fuera de sí. Acostumbraba beber alcohol y, cuando eso sucedía, se transformaba.

Al enterarse de lo que su progenitor había tratado de hacerle, pudo entender a lo que su madre se refería cuando decía que no era seguro quedarse en casa. Él, por fin, había comprendido lo que había pasado y la razón por la que estaban en ese tren huyendo de su padre.

Después de ayudarlo a completar lo que había quedado pendiente para su alma, y de haber hecho el trabajo terapéutico, procedí a sacarlo del trance hipnótico. Una vez terminada la sesión pude notar que se veía sorprendido, como tratando de hacer sentido de lo que acababa de experimentar. Joost rompió en llanto al entender, supongo yo, lo que su madre había hecho para protegerlos. En realidad no había huido solo por su seguridad, sino también para protegerlo a él y a sus hermanos. Joost ahora iba a poder expresarse mejor y romper el patrón de sentirse bien estando solo y de ser introvertido.

VIOLACIÓN Y TOCAMIENTOS INDEBIDOS

En el capítulo El propósito del alma expliqué brevemente cómo funciona el mundo espiritual y cómo es que el espíritu elige las lecciones y situaciones que deberá enfrentar una vez reencarnado. Sin embargo, los eventos de abuso sexual siempre me han hecho dudar sobre la validez de este principio espiritual. Tengo claro que poco interesa lo que yo, desde mi visión dentro de un cuerpo humano, pueda tener al respecto, pero lo cierto es que esto es así. Según reportaron varios de mis clientes en trance hipnótico, sus espíritus escogieron experimentar este tipo de circunstancias porque necesitaban aprender algo de ellas o simplemente porque les tocaba vivirlas como consecuencia del karma, es decir, que ahora les tocaba pasar a ellos lo que le habían hecho pasar a otros en una vida pasada.

Para ayudar a la víctima de estos eventos a soltar esa vivencia, muchos terapeutas optamos por emplear la desvictimización. Este concepto, que aún es tema de discusión entre la comunidad de terapeutas, consiste en guiar a la víctima a que abandone ese rol para que pueda recuperar el control de su vida. La razón por la que varios utilizamos esta técnica es porque, si el espíritu eligió esa lección por sí mismo o es el resultado de sus actos del pasado (karma), entonces no se le puede considerar una víctima de la situación. Soy consciente de que ciertas tendencias de hipnosis clínica están totalmente en contra de este método y que, si bien trabajan en desensibilizar el trauma también se enfocan en brindar el soporte necesario a quien ellos consideran la víctima.

En las siguientes páginas usaré la palabra víctima, pero solo con la intención de identificar el rol que la persona afectada está jugando en esa experiencia. Todos jugamos tres roles en nuestras vidas: víctima, victimario y observador.

Tal como mencioné en el capítulo anterior, le he dedicado un capítulo íntegro a los eventos de violación y tocamientos indebidos, pues este tipo de acontecimientos traumáticos pueden ser experimentados durante la infancia, juventud y adultez, así como también en vidas pasadas. Recordemos que para el alma el tiempo no existe. Sin importar cuándo y dónde haya tenido esa experiencia, el síntoma de la misma se manifestará en el presente a nivel físico, emocional, mental y energético. Las violaciones y tocamientos indebidos se encuentran entre los recuerdos más traumáticos que una persona puede visitar durante un estado de trance hipnótico. Esto lo aseguro sin temor a equivocarme. Revivir estos traumas no solo resulta difícil para aquellas personas que llegaron a una sesión en busca de ayuda, sino también para todos aquellos que practicamos este tipo de hipnosis, en el que se busca que el alma procese los sucesos dolorosos volviéndolos a vivir para así desensibilizar el trauma.

Una persona en estado de trance que regresa a su violación, por ejemplo, revivirá frente a nosotros (los terapeutas) el momento en que fue ultrajada, experimentando todo aquello que experimentó en ese evento pasado como si estuviese ocurriendo ahora mismo. Han sido varias las veces que he visto a la persona moverse violentamente, llorar de impotencia, gritar y forcejear tal como si estuviese siendo ultrajada frente a nosotros. A veces la persona va a este tipo de recuerdos espontáneamente, pero otras el terapeuta la guiará hacia ellos para poder trabajarlos. Sea como fuere, esta es una de las tareas más complicadas que un terapeuta puede enfrentar, especialmente si él mismo fue víctima de este tipo de situaciones.

El mayor error cometido por los terapeutas de hipnosis espiritual es el pensar que, para ayudar a nuestros clientes o pacientes, solo es necesario visitar vidas pasadas, guiarlos para establecer una comunicación con su Yo Superior —la parte de nosotros que está conectada al mundo espiritual y que tiene un mejor entendimiento— y visitar recuerdos tristes de la vida actual, pero siempre evitando que haya un contacto con emociones fuertes o que vuelvan a experimentar el dolor que experimentaron. En otras palabras, podríamos decir que algunos hipnoterapeutas acompañan a sus pacientes durante la sesión como si estuviesen viendo la película de su propia vida, sin permitir que hagan contacto con sentimientos intensos y sensaciones físicas que fueron las que, finalmente, ocasionaron el trauma.

Algunos practicantes de hipnosis que recién emprenden este camino incluso dirán que prefieren que sus clientes no visiten completamente eventos traumáticos, para así evitar la retraumatización de la persona y para impedir que el trauma empeore. Sin embargo, he podido encontrar que un buen número de terapeutas utiliza esto como excusa para no revivir estas experiencias y no solo porque podría ser incómodo para su paciente, sino porque también resulta incómodo para ellos.

Debemos entender que, para desensibilizar cualquier suceso traumático, la persona debe revivirlo nuevamente hasta cierto punto y en compañía del terapeuta. Yo utilizo este método en mis sesiones con excelentes resultados, pero no lo he inventado yo. Michael Newton, en su libro "Vida entre vidas", lo describe como parte de su proceso de trabajo. Además, durante mi formación de Terapia de vidas pasadas con José Luis Cabouli, hizo hincapié en que el trauma no puede hacerse peor de lo que ya es y que, para él, la retraumatización no existe.

Si recordamos los conceptos que hemos indagado anteriormente, el evento de violación o de tocamientos indebidos puede ser total o parcialmente bloqueado por la mente consciente del individuo. La mente consciente tiende a reprimir y remover experiencias traumáticas que nos puedan sobrecargar y las envía al subconsciente. Esto ocasiona que, conscientemente, no nos acordemos de ellas, pero que los síntomas aparezcan de pronto cuando atravesemos situaciones similares.

Más de una vez he tenido clientes que mencionaron tener memorias vagas o imágenes espontáneas de algo que supuestamente les había sucedido en la infancia, pero que no sabían de qué se trataba a pesar de contar con algunas sospechas. A pesar de no recordar, tenían todos los síntomas de una víctima de abuso sexual, pero aun así estas personas no entendían por qué experimentaban todo tipo de síntomas mientras mantenían relaciones sexuales. Fue durante el estado hipnótico, al volver a ese acontecimiento y al experimentarlo de nuevo, que no solo recordaron lo que había sucedido, sino que también pudieron sanar.

Los efectos de una violación pueden ser devastadores. Afectan a la víctima no solo a nivel físico, mental y emocional, sino también a nivel energético y del alma. Si bien cuando pensamos en una víctima de violación lo primero que se nos viene a la mente es una mujer, en realidad el hombre también puede sufrir este tipo de ataques y, a nivel emocional, mental, espiritual y del alma, tendrá las mismas consecuencias.

En el caso de una violación durante la niñez, he podido observar que los efectos suelen ser aún más graves que si ocurriera a una edad adulta, pues al niño o niña se le arrebata la infancia dejando una marca en ellos que durará para toda la vida. Estos casos son más complicados cuando el violador es parte del círculo familiar de la víctima, ya sea el padre, el padrastro, un hermano, el abuelo, el tío e inclusive amigos cercanos a la familia. Para saber cómo un niño intenta entender y procesar lo que se les está haciendo, mencionaré algunas frases pronunciadas por clientes en estado hipnótico que regresaron a una violación o evento de tocamientos indebidos en la infancia:

- "Mi abuelo se ha acostado en mi cama y mientras me abraza siento que se ha orinado".
- "Mi tío me está pidiendo que le toque sus partes".
- "Mi padre me está abrazando y siento que me punza con algo".
- "Me siento como una muñeca de trapo mientras me dan vueltas y me tocan".

Cuando el violador pertenece al círculo familiar, la niña o niño abusado no puede comprender lo que está pasando y por qué un ser querido le está haciendo eso. Muchas veces, para no ser descubiertos, el violador le dirá al pequeño frases como:

- "Este es un secreto entre tú y yo".
- "Así es como se demuestra el cariño".
- "Si eres bueno(a) conmigo te voy a dar un premio".
- "Si le cuentas a tus padres, no te van a creer".
- "Hago esto contigo porque eres especial".

Estas frases no solo generarán una gran confusión en ellos en el momento, sino que, en cierto modo, programarán su conducta para cuando crezcan y traten de entablar una relación con su pareja.

Otro caso triste que ocurre dentro del abuso sexual es cuando la pequeña o pequeño habla, pero su padre o madre desacreditan por completo el relato del ataque sexual, ya sea por un amor ciego al abusador o por miedo. En estos casos, la joven víctima no solo resulta dañada por la violación y los síntomas que se producirán a raíz de ella, sino también por un sentimiento de abandono por parte de los padres, perjudicando su autoestima y credibilidad.

Síntomas físicos

En el caso de las mujeres víctimas de una violación, estas podrían experimentar algunos de los siguientes síntomas:

- Sangrado vaginal o anal.
- Trastorno del deseo sexual hipoactivo o falta de interés en la actividad sexual.
- Inflamación vaginal.
- Dispareunia, que consiste en una sensación de dolor al intentar realizar el coito u otras actividades sexuales con penetración.
- Vaginismo, que es la contracción involuntaria de los músculos que están alrededor del orificio de la vagina.
- Infección urinaria.

Síntomas psicológicos y emocionales

- Sentimientos de temor
- Nerviosismo
- Ataques de pánico
- Escenas retrospectivas
- Pesadillas
- Sentimiento de culpabilidad

Síntomas a nivel energético y del alma

Estas son algunas de las consecuencias de la violación a este nivel, sin importar si esta ha tomado lugar en la infancia, adolescencia, adultez o durante una vida pasada:

- El robo de la energía
- La herida en la energía femenina
- La fragmentación del alma

En el capítulo anterior hablamos de las energías masculina y femenina y de cómo su desbalance produce diferentes síntomas en el ser humano. La violación, en este caso, afecta directamente a la energía femenina y creadora, causando también el atrapamiento de alma en dicho evento. Algo más que puede suceder durante este tipo de eventos, sin importar la edad de la víctima, es la fragmentación del alma o desprendimiento de la parte del alma que no pudo soportar el dolor emocional y físico de aquel acontecimiento.

En varias oportunidades, durante las sesiones de hipnosis que facilito, me he topado con personas que fueron abusadas múltiples veces durante la infancia y, como resultado, su alma se había fragmentado en repetidas ocasiones. Al revivir estos sucesos, las personas en trance hipnótico lo describieron usando frases como:

- "Ya me fui de ahí".
- "Me he salido de mi cuerpo".
- "Estoy viendo todo desde arriba".
- "Me quedo dormida y me despierto cuando ya todo terminó".
- "De repente todo se pone oscuro".

Esto les ocurrió tantas veces que incluso el niño o niña aprendió que, para no sentir dolor y no enfrentar este evento tan traumático, debía desconectarse y salir de su cuerpo. Esta conducta continuó en su vida adulta, donde cada vez que debía enfrentar un evento difícil en su vida, se fragmentaban.

Durante la entrevista previa a la sesión de hipnosis y compartir conmigo sus síntomas, sin saberlo, muchos clientes me han dado las pistas de haber sufrido una o más fragmentaciones. Describen los síntomas de esta forma:

- "No me siento en mi cuerpo".
- "No puedo sentir emociones".
- "Puedo pensar amor, pero no lo puedo sentir".
- "Solo me doy cuenta que me he cortado cuando me veo sangrar, pero no siento el corte".
- "Cuando tengo intimidad con mi pareja, no logro sentir nada".

Todo esto indicaba una clara desconexión de su alma con el cuerpo físico, resultado de la fragmentación del alma y de haberlo hecho por tanto tiempo que, en la actualidad, lo hacían casi de manera automática.

Estas mismas personas también presentaban dificultades para conectarse a nivel emocional con familiares, amigos y parejas. En el caso de las parejas, la mayor frustración la sentían durante las relaciones sexuales, pues no podían establecer esa conexión deseada con el ser amado o simplemente sentían que no les podían brindar el placer que querían darles al no sentirse presentes en esos momentos de intimidad. Muchas veces me tocó escuchar de mis clientes que no conseguían llegar al orgasmo. Incluso, en más de una ocasión me expresaron su frustración por nunca haber podido experimentar uno, causando gran frustración en sus parejas.

Ayudando a completar la experiencia

Cuando una persona desea una sesión de hipnosis porque presenta síntomas que no tienen lógica ni explicación científica, esto me hace sospechar que provienen de una experiencia traumática. Desde el abordaje de la espiritualidad, cuando hablamos de experiencia traumática no solo nos referimos a eventos en esta vida, sino también a aquellos que enfrentamos en otros cuerpos y otras vidas.

El trauma se entiende como un suceso que el alma no pudo completar a nivel físico, emocional o mental. Hemos dicho también que cuando este evento no es procesado correctamente, nuestra alma se queda atrapada en esa experiencia, haciéndonos sentir o reaccionar como si todo eso aún estuviese ocurriendo. Recordemos también que, para desensibilizar un trauma, la persona tiene que experimentarlo nuevamente por el terapeuta, es decir, que se le debe ayudar a revivir la violación pidiendo que le permita a su cuerpo sentir todo lo que tiene que sentir para completar esa vivencia. Esta sería, por decir así, la parte más difícil del trabajo terapéutico.

Entonces, si pensamos qué es lo que puede haber quedado pendiente o qué le faltó al alma para completar esa experiencia, las respuestas podrían ser variadas, pero esto es lo que he encontrado en las sesiones:

- El poder defenderse.
- El sacarse al violador de encima.
- El poder contar a otros lo que les sucedió.
- El no ser ignorado al compartir lo que pasó.
- El ser escuchado.
- El encontrar justicia.

Estos pendientes pueden ser distintos y los terapeutas no debemos asumir cuáles son. Esta información debe salir de la propia víctima luego de haber revivido el evento traumático en estado hipnótico, haciéndole la siguiente pregunta: "Hasta aquí, ¿cuál ha sido el momento más difícil de esta experiencia?".

Acto seguido, ayudamos a la persona a entender las reacciones físicas, emocionales y mentales durante ese momento y cómo le están afectando en su vida actual: qué le hace hacer y qué le impide hacer.

De esta manera estamos guiando al alma a que comprenda los síntomas o patrones de conducta que este suceso ha generado en ella, pero, para completar el trabajo terapéutico, le pediremos:

1. Que regrese una vez más al inicio de la experiencia, pero que esta vez haga todo lo que tenga que hacer para sacarse al abusador de encima. Es aquí donde le damos la oportunidad de defenderse, de hacer todo lo que no pudo hacer entonces. Lo que estamos haciendo también es otorgarle la voz y autoridad que la víctima no tuvo en ese momento, más aún si la violación ocurrió durante su infancia.

2. Que le hable al victimario y le exija que le devuelva energía que le robó, haciendo que la tome y la lleve a su alma nuevamente.

3. Que nos diga dónde está su alma mientras todo eso está pasando. Esto nos ayudará a determinar si hubo una fragmentación del alma como consecuencia de la violación.

4. Si la respuesta es similar a las expresiones que compartí en la sección de los síntomas energéticos y del alma, pudiendo determinar que sí hubo una fragmentación, le pediremos que le hable a esa parte de su alma que se fragmentó, que le pida que regrese, que va a estar protegida, que nadie volverá a hacerle eso y que necesitan estar juntas para sentirse completas y con toda su energía.

La esclava en el barco

Durante uno de los talleres que impartí sobre atrapamiento y recuperación del alma, al momento de elegir al tercer y último voluntario para las sesiones de demostración, el nombre de Iris salió elegido.

Tras una corta entrevista, le pregunté "¿qué es lo que necesita tu alma hoy?". Respondió que su cuerpo no se encontraba bien y que sentía un dolor en la parte inferior del abdomen que no le permitía disfrutar del sexo con su pareja. Me comentó que, a la hora de tener relaciones y sentir a su pareja, su cuerpo se ponía tenso de la tal manera que le causaba un dolor insoportable.

Los doctores que había visitado no habían podido encontrar una razón lógica para lo que ella estaba experimentando. Físicamente se encontraba bien, pero nunca había podido experimentar esa pasión y excitación típicas en sus relaciones sexuales.

Con el paso de los años, Iris había podido darse cuenta que había estado buscando amor a través de las relaciones sexuales, hasta que entendió que, si un hombre quería tener sexo, no era porque necesariamente sintiera amor por ella. Se puso emotiva al contarme que tenía una pareja, pero que no podía brindarle sexualmente lo que ella quería.

Antonio: Toma aire profundamente y cierra tus ojos. Deja que el colchón absorba tu cuerpo sin ninguna resistencia. Vamos a permitirle a tu alma que trabaje hoy, y yo estaré aquí para acompañarla hasta donde quiera llegar. Y la vas a seguir hasta donde quiera llegar.

Ahora, quiero que regreses a uno de esos momentos íntimos con esta persona que amas. Y, mientras esto está tomando lugar, dime lo que estás sintiendo: tus emociones, lo que tu cuerpo está experimentando.

Iris: Me duele el útero.

A: Muy bien. Siente eso más intensamente, siente ese dolor. Y, ese dolor en el útero, ¿se siente como si qué le estuviese pasando? Si supieras, ¿de qué tipo de dolor se trata?

I: El dolor es tibio.

A: Eso es, siente eso. Y, ¿este dolor tibio es similar a qué? ¿Qué le está pasando a tu útero? Quizás se percibe como una presión o una punzada.

I: Se siente más como una punzada.

A: ¡Muy bien! Ahora hazlo más intenso. Si supieras, aunque pienses que lo estás imaginando, mientras sientes ese dolor punzante y tibio en tu útero, ¿dónde te encuentras? Sigue ese síntoma y deja que te lleve a otro tiempo donde experimentaste lo mismo, mientras cuento del tres al uno. Tres, dos, uno. ¿Dónde estás ahora?

I: Siento que estoy en un barco. Soy una esclava en el barco.

A: Continúa.

I: Soy una esclava para placer —dijo gimiendo con fastidio.

A: ¿Qué está pasando?

I: ¡Oh, Dios mío! —respondió llorando de dolor y tocándose el vientre—. ¡Detente, por favor! ¡Por favor, ya no puedo más!

A: Continúa. ¿Qué está ocurriendo?

I: ¡Me están violando! —exclamó llorando desesperadamente—. Me siento como un inodoro.

A: Eso es, continúa un poco más.

I: Es tan doloroso. ¡Por favor deténganse! Solo puedo sentir mi dolor. Mi corazón tampoco está bien. ¡No soy un animal, soy una mujer!

I: Continúa. ¿Qué más está sucediendo?

I: Me están ahorcando —contestó llevando sus manos al cuello y mostrando dificultad para respirar, mientras seguía llorando—. No puedo hablar, no puedo decir nada.

Unos segundos después, pude ver cómo el rostro y el cuerpo de Iris se relajaban, para empezar a respirar normalmente de nuevo. Al parecer, aquella violación había concluido con la muerte de ese cuerpo.

A: Hasta aquí, ¿cuál ha sido el momento más difícil de esa experiencia?

I: Cuando no me respetan.

A: Y, mientras no te respetan, ¿cuáles son tus reacciones físicas?

I: Estoy como congelada.

A: Y, mientras estás congelada ahí, ¿cuáles son tus reacciones emocionales?

I: ¡Es tan triste!

A: Y, mientras te sientes como congelada y triste, ¿cuáles son tus reacciones mentales?

I: ¿Por qué me están haciendo esto? ¿Por qué?

A: Ahora quiero que veas cómo esto está afectando tu vida como Iris, cuando te congelas, te sientes triste y te preguntas por qué te están haciendo esto. ¿Qué te hace hacer todo esto en tu vida como Iris?

I: Me congelo y no hago nada. No avanzo. Solo estoy aquí y no lucho por mí misma.

A: Y, todo esto, ¿qué te impide hacer?

I: Luchar por mis derechos, luchar por mi voz.

A: Muy bien, ahora voy a contar del tres al uno y quiero que vayas al momento en que esta experiencia inicia. Al momento en que todo esto comienza en esa vida. Permite que tu cuerpo sienta todo lo que tiene que sentir. Tres, dos, uno. Ya estás ahí. ¿Cómo comienza esta experiencia?

I: Estoy en mi tierra, en la jungla. Somos una tribu pequeña. Vivimos en paz y somos pacíficos, pero hemos sido atacados.

A: Fíjate quién los está atacando.

I: Comerciantes de esclavos. Matan a mi familia, a mi papá, mi mamá y mi hermana —contó rompiendo el llanto—. ¡Ya no están! Me han encadenado junto a otros y seremos llevados de aquí. ¡Yo lucho! Y porque lucho como una tigresa me violan. No debo luchar, pero tengo que hacerlo porque soy un ser humano.

Mientras me relataba la forma en la que luchaba para defenderse, los hombres comenzaron a violarla. La joven había regresado al momento en el que la violaban en el barco, aquella que acabaría con su vida.

No importa la experiencia que uno pueda tener como hipnotista o hipnoterapeuta. Acompañar a una persona en trance que sufre una violación siempre es algo difícil e incómodo de observar, a pesar de que sabemos que, para acabar con un trauma o con el atrapamiento del alma, sea necesario revivir el hecho.

Iris empezó a moverse como si alguien la estuviese sosteniendo y su cuello comenzó a mostrar marcas rojas. Abrió la boca como si tratara de tomar aire para poder respirar, mientras lloraba y se sentía totalmente indefensa.

I: Han comenzado a violarme —dijo respirando rápidamente—. ¡Ya no puedo más! Esto es demasiado.

A: Continúa. ¿Qué más está sucediendo?

I: No puedo moverme porque están sujetándome contra el suelo. Me están ahorcando.

A: Voy a contar del tres al uno y te vas a permitir sentir todo más intensamente. Tres, dos, uno. ¿Qué está sintiendo tu útero mientras te están violando?

I: Siento dolor —expresó llorando descontroladamente—. Estoy asqueada y no quiero tener esto dentro de mí. Esto es asqueroso. Oh, Dios mío.Estas últimas palabras habrían formado parte del decreto que su alma llevaría a la siguiente vida, a la de Iris: "no quiero esto dentro de mí", refiriéndose al pene de su violador.

I: Me están ahorcando y no puedo respirar —contó mostrando marcas rojas en el cuello y con una clara dificultad para respirar y hablar—. No puedo gritar por todo este dolor. Ya no puedo respirar más. ¡Me voy a morir!

A: ¿Qué es lo que estás pensando mientras te están haciendo eso?

I: ¡No merezco esto! ¡No lo merezco!

A: Ahora muévete al momento en que terminan.

Ni bien le di esa instrucción, comenzó a jadear mientras decía que no podía respirar y que sus pulmones no podían más. Luego de esto, su cuerpo se relajó totalmente y empezó a respirar con normalidad. La joven ya había fallecido.

A: Ahora quiero que le hables a esos que te hicieron eso y que les pidas que te devuelvan tu energía ahora mismo.

I: ¡Devuélvanme mi energía femenina ahora! ¡Me pertenece, es mía!

A: Cuando estés lista toma tu energía y llévatela a tu alma nuevamente, entendiendo que, con la muerte de ese cuerpo, esa experiencia ha culminado y nada de eso te pertenece ya.

La sesión continuó por unos minutos más, mientras completábamos los pasos finales de la terapia de vidas pasadas destinada a casos de violaciones.

El alma de Iris se había quedado atrapada en esa vida porque su cuerpo no había podido procesar la muerte física, emocional y mentalmente. Es por eso que durante el tiempo que la acompañé en esa vida pasada, le hice todo tipo de preguntas que la ayudaran a tomar conciencia de todo aquello que había quedado incompleto.

Su alma, atrapada en esa experiencia, le hacía revivir todo lo que sintió en esa vida cuando fue violada, durante las relaciones sexuales con su pareja. Además, estaba la disposición que pronunció antes de morir "no quiero esto dentro de mí". Por esta razón, su cuerpo reaccionaba de esa manera. Para el alma de Iris, ella aún estaba siendo violada.

La joven sacrificada

Durante una sesión de demostración en uno de los talleres que dicté, llamado Sanando el femenino herido, Megan se ofreció como voluntaria. Desde el comienzo pude observar su nerviosismo al responder a las preguntas que le hacía para entender qué era lo que quería sanar. Megan reconocía en ella un patrón de comportamiento, en el que no podía salir de relaciones abusivas, es más, contó que en ese momento se encontraba en una relación abusiva. Una de las cosas que la hacía reaccionar era cuando le echaban la culpa de todo lo que ocurría en la relación.

He decidido poner esta sesión en este capítulo sobre violación, porque parte de eso es lo que le estaba afectando, pero en este caso podrán observar como ocurre un poco de todo, incluyendo frases atemporales, la energía femenina herida, el pasar de ser víctima a ser victimaria en cierto modo en su búsqueda de venganza y atrapamiento el en vientre.

Antonio: ¿Qué es lo que sientes cuando dicen que todo es culpa tuya? ¿Qué es lo que sientes en tu cuerpo?

Megan: Mucho dolor y miedo.

A: Muy bien, siente ese dolor más intensamente.

M: Y miedo.

A: ¿Dónde sientes ese dolor en tu cuerpo?

M: En mi abdomen y en mis órganos sexuales.

A: Y, este dolor que sientes, ¿se siente como qué, como si qué le estuviese pasando a tu cuerpo?

M: Como si me estuviesen cortando y abriendo.

A: Siente que te están cortando y abriendo. Experimenta este dolor. Y, si supieras, aunque pienses que te lo estés imaginando, ¿dónde estás cuando sientes ese dolor mientras te están abriendo?

M: En una especie de roca grande. Es como un ritual, pero no entiendo.

A: No tienes que entender, solo descríbeme lo que está pasando.

M: Me están sacrificando.

A: Continúa un poco más. Siente todo.

M: Están danzando a mi alrededor, invocando algo. Creo que también me tienen miedo.

A: ¿Qué más está sucediendo?

M: Sé que me van a matar. Tengo cortes en todo mi cuerpo y estoy sangrando —dijo con expresión de dolor.

A: Siente todo eso y continúa un poco más.

M: Van a abrirme y me van a sacar los órganos, sabe Dios con qué finalidad. Pero esa es su intención.

A: Continúa un poco más.

M: Me están cortando y abriendo ahora —relató con lágrimas en los ojos—. Estoy gritando que no he hecho nada, que no merezco esto y me mandan a callar. Algunos se ríen.

A: ¿Qué más sucede? Continúa.

M: Solo me siento mareada. Creo que he perdido mucha sangre y que me voy a ir.

A: Entonces deja que ese cuerpo muera. Ahora voy a contar del tres al uno y, cuando llegue a uno, quiero que vayas al inicio de esta experiencia, al comienzo de esa vida para saber lo que pasó. Permite que tu cuerpo sienta todo lo que tenga que sentir ahora. Tres, dos uno. Ya estás ahí. Si supieras, ¿cómo empieza todo esto?

M: Vivo en una villa. Es muy primitiva y soy un poco diferente a los demás. Mi manera de pensar es diferente. No estoy tan asustada como ellos y tengo diferentes teorías a las que ellos tienen sobre la vida y acerca de dónde venimos. Algunos están asustados y otros piensan que estoy loca.

A: ¿Cuántos años tienes ahí?

M: Unos 15 años. Soy joven y soy mujer.

A: ¿Qué estás vistiendo?

M: Como un vestido, pero está medio sucio. Soy pobre.

A: Continúa. ¿Qué más sucede?

M: Eventualmente se cansan de mí. Me quieren callar, ya no me quieren oír. Soy una molestia para ellos.

A: Muévete al momento que algo pasa. Tres, dos, uno. Ya estás ahí.

M: Se llevan a mi madre y no la vuelvo a ver. Creo que la van a matar.

A: Y, ¿a qué crees que se deba que se hayan llevado a tu madre?

M: Mi madre también es diferente. Ella sabe sobre las plantas. Hace medicinas con ellas y ha sido culpada por algo, pero no es su culpa. Me siento tan triste y tan sola porque ella era la única persona que me entendía.

A: Eso es, siente todo eso. Adelántate hasta el momento en que algo te sucede. Tres, dos, uno. Ya estás ahí.

M: Ellos quieren matarme al igual que lo hicieron con ella.

A: Adelántate al momento en que vienen por ti. ¿Dónde estás ahora?

M: Estoy en mi casa. Es una pequeña cabaña y hay varias personas afuera pidiendo que salga o van a quemar la casa.

A: Eso es, continúa.

M: No sé qué hacer. No me gusta ninguna de las opciones, pero espero poder convencerlos, así que salgo. Les pregunto por qué vienen por mí. Ellos piensan que soy una bruja.

A: ¿Qué ocurre a continuación?

M: Me arrancan el vestido —respondió con fastidio— y me siento tan avergonzada. Me quiero cubrir y ellos se ríen. Me están golpeando. ¡Los odio a todos! —gritó llorando— Quiero que sufran como yo estoy sufriendo y como sufrió mi madre.

A: Continúa. ¿Qué más sucede?

M: Estoy planeando mi venganza por si logro escapar. Le prenderé fuego a toda la villa.

Hasta aquí, la joven mujer acusada de bruja, ante un momento de desesperación y sufrimiento, lanzó un par de frases atemporales: "los odio a todos" y "quiero que sufran". Ambas traerían consecuencias para ella en una vida futura. La segunda frase podemos describirla como una especie de maldición que también trae efectos al alma, como lo explico en el capítulo Frases atemporales.

A: Una vez que te atrapan y te quitan la ropa, ¿qué pasa?

M: Me llevan a una celda y soy violada muchas veces. Siento mucho dolor y mis piernas me duelen mucho.

A: ¿A qué se debe que te duelan las piernas?

M: A que he estado encadenada por muchos días.

A: Hasta aquí, ¿cuál ha sido el momento más difícil de esta experiencia, de esta vida?

M: El no entender. Siento que es tan injusto y que no estoy loca. Ellos están locos. Son estúpidos, ¿cómo es que no pueden ver lo que yo veo?

A: Y, mientras no tienes este entendimiento, ¿cuáles son tus reacciones físicas?

M: Rabia. Tengo tanta rabia.

A: Y, cuando sientes esa rabia, ¿cuáles son tus reacciones emocionales?

M: Estoy destruida y lloro mucho. Quiero irme, solo deseo mi muerte. No le encuentro sentido a quedarme.

A: Y, ¿cuáles son tus reacciones mentales?

M: Ya no hay estabilidad mental. Comienzo a dudar de mí misma también.

A: Ahora quiero que veas cómo todo esto está afectando tu vida como Megan. Todo esto de sentir rabia, estar destruida, llorar mucho y haber perdido tu estabilidad mental, ¿qué te hace hacer en tu vida como Megan?

M: Huir de las personas, cortarlos. Tener relaciones muy difíciles con los hombres —explicó refiriéndose a sus relaciones de pareja.

A: ¿Esto qué te impide hacer?

M: Crear relaciones significativas y saludables, conectarme de verdad, dejar que la gente entre, mostrar cómo soy de verdad.

Hasta aquí Megan había podido encontrar el origen del patrón de conducta que le impedía salir de relaciones abusivas, también el origen de su reacción desproporcionada cuando le decían que estaba equivocada, que todo era su culpa o que todo era producto de su percepción.

En los siguientes minutos la ayudé a completar esa experiencia, a hacer todo aquello que había quedado pendiente para su alma mientras la llevaba nuevamente a la escena del deceso, donde murió por los cortes que le hicieron. Una vez fuera del cuerpo continué trabajando con ella:

A: Ahora quiero que veas algo más. La frase "los odio a todos" que dijiste, ¿qué te hace hacer en tu vida como Megan?

M: Quiero la revancha.

A: Cuando le deseas eso a alguien, eso mismo regresa a ti multiplicado por tres.

M: No es consciente y no lo puedo evitar. Regresa a mí todo el tiempo.

A: Las maldiciones siempre vuelven, como lo estás experimentando en la vida de Megan. Al decir que quieres que sientan lo que tú sentiste, haces que esa energía proyectada a ellos regrese a ti. Para solucionarlo, quiero que rompas eso que dijiste, pero para eso necesitas perdonar.

M: Es muy difícil el perdón. ¿Qué es el perdón finalmente? ¿Cómo se puede perdonar esto?

A: El perdón no quiere decir olvidar, tampoco significa ser amiga de tu victimario o dejar de buscar justicia. El perdón es dejar de tomar un veneno esperando a que los otros mueran, cuando en realidad te estás matando a ti misma. ¿Dejamos de tomar ese veneno el día de hoy?

M: Yo los perdono.

A: Ahora busca la energía de esa maldición. ¿En qué parte de tu cuerpo la has venido almacenando?

M: En mi estómago.

Fue así que Megan procedió a perdonar, retractándose acerca de lo que había dicho, para luego proceder a retirar la energía que había venido almacenando en el estómago. Ahora teníamos que averiguar si su alma necesitaba sanar algo más.

Una de las cosas que había mencionado durante nuestra corta entrevista previa a la sesión fue la desconexión que sentía con sus padres.

A: Ahora quiero que vayas a otro momento donde haya algo que tu alma necesite sanar. Tres, dos, uno. Ya estás ahí.

M: Creo que estoy en el vientre de mi madre.

A: Muy bien, entonces experimenta este ambiente oscuro y húmedo. Siente tu cuerpo flotar.

M: Voy a morir —dijo interrumpiéndome.

A: ¿Qué te hace creer que vas a morir?

M: Mi madre le ha estado rezando a Dios para que yo muera —me explicó llorando. Es muy joven y recién se ha casado con mi padre y quiere más tiempo y le está pidiendo a Dios que me lleve. No está lista.

A: ¿Cómo te sientes al respecto?

M: Siento mucha lástima por ella, no la quiero molestar. No quiero incomodar a nadie.

A: ¿Qué está sintiendo ella en estos momentos?

M: Ella no está bien. Se siente muy enferma y vomita todo el tiempo. No ha podido comer por varios días.

A: ¿Cómo te sientes mientras sucede eso?

M: Lo siento tanto por ella. La quiero abrazar y confortar. Lamento haber causado tanto daño. No es mi intención.

A: Escucha lo que está sucediendo afuera, con tu padre, con tus abuelos. ¿Qué está pasando?

M: No están contentos. Mi padre no está feliz. Son estudiantes y mi padre tendrá que dejar la universidad para conseguir un trabajo y está muy estresado. Están discutiendo mucho. Le grita a mi madre.

A: ¿Qué es lo que está diciendo?

M: Que es su culpa por salir embarazada. Le está diciendo algo muy feo.

A: ¿Qué le está diciendo?

M: Él no cree que yo sea su hija. Piensa que mi madre lo engañó.

A: Y, ¿qué estás sintiendo mientras él dice todo esto?

M: La quiero proteger. Quiero salir, mirarlo a los ojos y decirle que está muy equivocado.

A: Entonces, ¿cuál ha sido el momento más difícil durante tu tiempo en el vientre de tu madre?

M: El momento en que ella le rezó a Dios para que yo muriera. La placenta se estaba despegando, no estoy segura. Sentía que comenzaba a bajar.

A: Y, en ese momento, ¿cuáles son tus reacciones físicas?

M: Estoy muy asustada. Me encojo como una pequeña bola y trato de protegerme.

A: Y, ¿cuáles son tus reacciones emocionales?

M: Me siento indefensa.

A: Y, ¿cuáles son tus reacciones mentales?

M: Pienso que merezco irme porque he provocado tanto daño. Me estoy preparando para el impacto, me estoy preparando para caer.

A: Ahora quiero que veas cómo todo esto está afectando tu vida como Megan, cuando dices que estás asustada, que te encoges como una bola pequeña para protegerte, que te sientes indefensa y mereces irte por todo el daño que has causado. ¿Todo esto qué te hace hacer en tu vida como Megan?

M: Tratar de complacerlos. Todo gira alrededor de mis padres, incluso cuando sé que no están en lo correcto y que merezco vivir mi vida como yo quisiera. Me siento tan culpable.

A: Y, cuando eso ocurre, ¿qué te impide hacer?

M: Ser feliz y disfrutar mi vida. No busco relaciones con otras personas.

A: Y, cuando dices "merezco irme por todo el daño que he causado", ¿eso qué te hace hacer?

M: El querer irme en realidad. He pensado en eso muchas veces.

A través del tiempo en el vientre de su madre pudimos encontrar información valiosa sobre su patrón de conducta, no solo con sus padres, sino también con sus parejas, al no poder salir de relaciones abusivas y también el sentirse desconectada de todo.

Luego de esto la guie a través de su nacimiento, ayudándola a entender que todas esas emociones que ella había hecho suyas, en realidad, pertenecían a su madre. Ella no era culpable de nada. Después de esto procedí a desconectar esas emociones para completar el trabajo terapéutico.

LOS ROLES QUE JUGAMOS EN NUESTRAS VIDAS

Hasta aquí hemos visto cómo el alma trae distintos síntomas que se pueden haber generado como consecuencia de su atrapamiento en otras experiencias. Hemos visto también los tipos de muerte, las frases atemporales, las energías masculina y femenina heridas y los eventos de violación y tocamientos indebidos, por mencionar algunos. Todos estos padecimientos pueden afectarnos aquí y ahora sin importar cuándo tomó lugar el hecho original. Ahora, considero esencial mencionar brevemente otro de los conceptos que aprendí de mi gran maestro José Luis Cabouli, los cuales me ayudaron a afinar y redefinir el abordaje de las terapias con mis clientes.

Este consiste en los roles que jugamos en nuestras vidas pasadas y en la actual y que, de una u otra manera, nos han perjudicado en una vida pasada y, sin siquiera saberlo, en la actual y en una futura. Estos roles son básicamente tres: víctima, victimario y observador. Cada uno de ellos repercutirá en nosotros de diferente manera, pero se podría decir que el resultado será el mismo: un síntoma, un patrón de conducta que, en muchos casos, puede llevarnos a autosabotearnos en nuestras vidas.

Veamos qué significa cada uno de estos roles y cómo pueden impactarnos:

La víctima

El diccionario de la Real Academia Española provee las siguientes definiciones:

- Persona o animal sacrificado o destinado al sacrificio.
- Persona que se expone u ofrece a un grave riesgo en obsequio de otra.
- Persona que padece daño por culpa ajena o por causa fortuita.
- Persona que muere por culpa ajena o por accidente fortuito.
- Persona que padece las consecuencias dañosas de un delito.

Para efectos del tema que estamos tratando en este libro, la definición que más se adapta sería la tercera. Me refiero a todas y todos los que se consideran dañados por un tercero o por causa fortuita, aunque sé que las coincidencias no existen en realidad.

El rol de víctima no permite que nos hagamos dueños de nuestras propias acciones, ni que tomemos responsabilidad de la parte que nos corresponde. Cuando uno se siente víctima, simplemente culpa a alguien más por todo lo que le sucede, ya sea otra persona, el destino, la mala suerte y hasta a Dios mismo, si piensa que lo que está viviendo es un castigo.

Si bien es cierto que este rol es el más dañino para nuestra evolución espiritual, en realidad es el más cómodo de adoptar porque simplemente nos permitimos ser una especie de hoja al viento a merced del aire y de donde este nos lleve. De la misma manera, las personas que se encuentran jugando el rol de víctima sienten que no tienen libre albedrío, que no tienen escapatoria y que están atrapadas en el evento que les está tocando vivir o con la persona que las está victimizando.

Por este motivo, lo más difícil de lograr en una sesión de hipnosis espiritual es lograr que la persona que busca ayuda salga de la mentalidad de víctima, que lo único que está haciendo es retrasar su evolución espiritual y las lecciones que vino a aprender en esta encarnación. El problema puede ser aún más serio cuando este rol es arrastrado de otras vidas, generando un patrón de autosabotaje.

Algo relevante de mencionar es que, en realidad, toda víctima ha sido un victimario antes. En una sesión de hipnosis, para entender cuándo se generó el rol de víctima en nuestro cliente, hay que pedirle que vaya al evento que originó lo que está viviendo. Así, nos encontraremos con la sorpresa de que en ese suceso ellos habían sido los victimarios.

Recuerdo uno de los cursos de Introspective Hypnosis que dicté en el 2019. El último día de la formación pedí un voluntario para una sesión de demostración. Una mujer de edad media se ofreció y fue así que comencé con el proceso de la inducción hipnótica, para luego proceder a visitar recuerdos tristes o traumáticos. El primer recuerdo al que llegó fue a uno en el que era niña y me relataba llorando cómo un familiar había entrado a su habitación durante la noche y había empezado a tocarle sus partes íntimas. En el segundo recuerdo que visitó ya había crecido un poco, pero la situación fue básicamente la misma. En esa ocasión había sido un amigo de la familia quien se había metido a su habitación para tocarla. En el tercer recuerdo ya era una adolescente, pero la situación se repetía con alguien de su entorno. Fue a este punto en que ella gritó "¡Otra vez no! ¡¿Por qué a mí?!".

En ese momento le dije que averiguaríamos por qué a ella. Conté del tres al uno y le pedí que se dirija al acontecimiento que había originado esto para su alma. De pronto, me contó que era un soldado en tiempos de guerra y me describió cómo se metía a las casas y violaba a las mujeres porque hacía tiempo que estaba solo y porque lo necesitaba. Fue interesante observar cómo el llanto de la mujer en la vida actual se convertía en un rostro que mostraba placer mientras violaba a mujeres indefensas. En esa vida había sido un victimario. Ahora, en la vida actual, era su turno de experimentar aquello que el soldado le hizo experimentar a esas mujeres.

En sesiones con otros clientes pude observar cómo, en una vida pasada, ellos habían hecho cosas de las cuales se arrepintieron antes, durante o después de la muerte de ese cuerpo. No fue hasta que tomaron conciencia de lo que habían hecho y de lo que habían provocado, que pronunciaron una frase atemporal tal como:

- "No merezco ser perdonado".
- "No merezco ser feliz".
- "No importa las vidas que viva, no voy a poder saldar esta deuda".

Estas frases fueron las que los convirtieron de victimarios a víctimas, autosaboteándose en la vida actual porque, a nivel subconsciente y espiritual, ellos sentían que no merecían ser felices o perdonados. Cada vez que estaban a punto de alcanzar la felicidad, hacían algo sin darse cuenta que acabaría con ella.

¿Qué sucede, entonces, cuando interpretamos el rol de víctima? Desde mi punto de vista, le estamos dando nuestra energía a aquel que consideramos nuestro victimario. Cuando damos nuestra energía, estamos dándole el control y parte de nuestra energía se puede quedar atrapada en ese evento. Ya hemos visto cómo el alma no entiende del tiempo y no importa cuánto tiempo haya pasado desde ese suceso, nosotros experimentaremos los síntomas (consecuencias) de ese acontecimiento como si estuviese sucediendo en este momento, porque para nuestra alma lo está.

El victimario

El victimario es aquel que inflige daño a alguien en un momento determinado, haciendo que este se convierta en víctima. Entonces, partiendo de esta definición y observando este rol desde la percepción de un de espíritu encarnado, es decir, desde nuestra percepción mientras estamos encarnados en un cuerpo humano, se podría considerar al victimario como alguien malo que merece castigo por el daño y sufrimiento que ha ocasionado.

Pero, en realidad, para entender este rol a profundidad tendríamos que despojarnos de nuestra vestimenta carnal y observarlo desde el punto de vista de la espiritualidad. En varias ocasiones, he mencionado que nosotros planeamos las lecciones que deberemos aprender en la Tierra y, por ello, los accidentes no son accidentes realmente pues todo tiene un propósito y un fin. Entonces, con este concepto en mente, ¿podríamos decir que nuestra interacción con un victimario es fortuita? No podemos saberlo a ciencia cierta, pero podemos plantearnos el siguiente escenario: antes de reencarnar el espíritu hace un contrato con otro espíritu para que juegue el papel de victimario en su reencarnación, con la finalidad de aprender una lección o experimentar una emoción. ¿Eso sería posible? Sí, lo he visto en varias oportunidades durante las sesiones con mis clientes.

El ser humano se encuentra más susceptible e indefenso durante la infancia. Es por eso que la mayoría de problemas, traumas y síntomas que experimentamos en la edad adulta provienen de ahí, ya que, al no tener la mente crítica desarrollada por completo, todo lo que experimentamos pasa directamente a nuestro subconsciente, creando una asociación que es la que activa el síntoma o patrón de conducta ante determinados sucesos que puedan parecerse a aquello vivido en la niñez. Entonces, si pensamos en quiénes influyeron más en nosotros durante nuestra infancia, es fácil contestar: nuestros padres.

A través de ellos, algunos han sufrido abusos, violaciones, tocamientos indebidos, abandono, negación, rechazo, entre otras emociones; una serie de situaciones que simplemente los convirtieron en víctimas de ellos y que, en consecuencia, los convirtieron a ellos en nuestros victimarios. Entonces, volviendo al concepto de que nosotros planificamos nuestras lecciones y escogemos nuestro lugar de nacimiento y el tipo de cuerpo que mejor se prestará para aquello que debemos experimentar, recordemos que también elegimos a los que serán nuestros padres y hacemos un contrato con ellos. Por lo tanto, ¿es el victimario un espíritu malo o simplemente un espíritu que jugará ese rol en nuestras vidas para ayudarnos en nuestra propia evolución espiritual?

En conversaciones con espíritus a través de sus seres queridos en trance hipnótico, nos han dicho que ellos fallecieron cuando tuvieron que fallecer, sin importar si la muerte fue por causa natural, por un accidente de auto o por un asesinato. Por otro lado, médiums que conozco que han recibido mensajes de espíritus para ser entregados a sus familiares aún encarnados expresaron lo mismo. Nunca he recibido una comunicación de un espíritu condenando a su victimario. ¿Qué quiere decir esto entonces?

Ahora bien, si hablamos del karma o la ley del balance por excelencia, que dice que la persona (espíritu) que le causó un daño a otra tendrá que experimentar eso mismo que le hizo sentir y con la misma o mayor intensidad, tendríamos que detenernos a pensar cómo este espíritu podrá experimentar eso mismo, cómo hará para saldar esa deuda. ¿No sería acaso a través de un victimario? Y, si esto es así, ¿no sería esto algo planeado? Solo recordemos el caso de la mujer de la que hablé párrafos atrás, quien en una vida pasada fue un soldado violador y que en esta vida le había tocado experimentar el mismo dolor que les había generado a sus víctimas, a través de diferentes victimarios en diferentes momentos de su vida.

Sin importar los motivos que hayan llevado a un victimario a infligir dolor a su víctima, desde el punto de vista de la espiritualidad, ambos tienen y tendrán repercusiones por este evento. El victimario podrá ser afectado en el futuro por el impacto del karma que él mismo generó, convirtiéndolo en víctima, o al final de su vida al darse cuenta del dolor que causó a otros. Puede ser que se arrepienta y sienta que no merece ser perdonado o ser feliz en ninguna otra encarnación, transformándose en una víctima que jugará este rol hasta que se dé cuenta del daño que se está ocasionado a sí mismo.

Toda víctima ha sido un victimario antes. Por eso, cuando me topo con un cliente buscando ayuda que se encuentra atrapado en el rol de víctima, solo es cuestión de buscar el origen de este, cuando esta víctima fue un victimario, para así ayudarlo a terminar su patrón de autosabotaje.

El observador

Según la definición que aparece en diccionarios, el observador es aquel que mira u observa una cosa o a una persona con mucha atención y detenimiento para adquirir alguna información sobre su comportamiento o características. Desde el punto de vista terapéutico, nos referimos al observador como aquella persona que es testigo de un evento ante el cual se siente completamente impotente, pero que será afectado a nivel físico, mental o emocional a raíz de este.

Líneas arriba hice referencia a la etapa de la infancia como aquella en la que nos encontramos más vulnerables ante nuestro entorno y que, por lo general, está conformado por nuestra familia. Por ejemplo, si un padre alcohólico regresa a casa ebrio y descarga su furia y frustraciones contra sus menores hijos, ellos se hallarán totalmente indefensos y vulnerables ante esta situación y se sentirán víctimas del padre. Pero, qué pasaría si cambiamos el escenario y, cuando el padre llega alcoholizado descarga su furia y frustración contra su esposa mientras sus hijos observan todo esto. Esto convertirá a esos niños en observadores impotentes y son y serán afectados por lo que están presenciando.

El papel de observador no solo lo interpretamos en esta vida, sino que también lo hemos interpretado en otras y aún podemos estar siendo afectados por ello en la vida actual. Un ejemplo podría ser el de una persona que regresa a una vida en la que era un soldado nazi que presenció el maltrato a los judíos y con el que no estaba de acuerdo, pero sobre lo cual no pudo hacer nada porque entonces era su vida la que correría peligro. Durante ese tiempo no tuvo otra opción más que observar lo que le parecía injusto e inhumano sin poder hacer o decir nada al respecto. Si bien este soldado no fue víctima de esos maltratos, al ser su observador, estaba siendo perturbado de manera indirecta, convirtiéndose en una víctima indirecta.

Como José Luis Cabouli me explicó alguna vez, también existe el observador inteligente que sabe que no hay nada que puede hacer al respecto de lo que está aconteciendo porque el victimario se encuentra en un nivel de evolución menos avanzado. No importa lo que le diga o haga, pues no habrá un cambio. Este observador inteligente, entonces, decide no permitir que esto que está observando le afecte.

Son muy pocas las ocasiones en las que estos observadores inteligentes vienen a terapia pues esos eventos, por lo general, no fueron traumáticos por su nivel de entendimiento y de evolución espiritual. Por el contrario, es el observador impotente, aquél que sintió frustración o miedo mientras presenciaba el suceso, el que terminó tan afectado como la víctima misma, pero de manera indirecta. El observador, al igual que la víctima, experimentará los síntomas cuando se activen al enfrentar alguna situación o emoción parecida a aquella que se guardó en su subconsciente, sin importar cuándo tomó lugar.

Muchas veces, el observador sentirá culpa, remordimiento, impotencia y falta de confianza en sí mismo sin razón aparente en su vida actual. Aún recuerdo lo que experimentó una joven a quien conocí en un evento social, la cual estaba interesada en comprender lo que es la hipnosis. Le pregunté si le interesaba hacer un par de ejercicios para determinar qué tan fácil le era entrar en trance, y accedió.

La joven entró en trance hipnótico profundo rápidamente y, en ese momento, comencé a retrocederla en el tiempo poco a poco hasta su infancia, incluso hasta el momento en que era una bebé. Continué volviendo en el tiempo y, de un momento al otro, se encontraba en el vientre de su madre. Al empezar a hacerle algunas preguntas, ella comenzó a gritar descontroladamente, llevando sus manos a las orejas, como para evitar escuchar y diciendo: "¡Ya cállate, ya no puedo más!". Mientras le preguntaba a qué se refería, me dijo que su abuela estaba gritándole a su madre y reprochándola por haber salido embarazada. ¿Qué busco expresar con este caso? Que el rol de observador también podemos ejecutarlo estando en el vientre, donde todo lo que experimentemos nos perjudicará directamente, incluso después de haber nacido.

El guardia del pueblo

Para plasmar de mejor manera cómo el papel de víctima, victimario y observador en una vida pasada nos pueden afectar en la actual, haré referencia a la sesión de Chris, que está plasmada en *El cazador* y *El conquistador*. Él volvió a mi consultorio para continuar trabajando en los síntomas que tenía.

Entre los síntomas que trajo a esta segunda sesión se encontraban la inseguridad y falta de confianza en sí mismo que se había manifestado durante toda su vida. Esto iba acompañado de ataques de ansiedad y la tendencia a evitar confrontaciones. También me comentó que se abrumaba fácilmente.

Antonio: ¿Qué sientes cuando te sientes abrumado?

Chris: Dolor.

A: Y, ¿dónde sientes ese dolor?

C: En mi mente.

A: Y, ¿ese dolor se siente como si qué le estuviese pasando a tu mente?

C: Como si estuviese cansado de todo esto.

A: Ahora contaré del tres al uno e irás al momento en el que te estás cansando de todo. Tres, dos, uno. Ya estás ahí. ¿Dónde estás ahora? ¿Qué está pasando mientras estás cansado de todo esto?

C: Veo mucha arena y está muy caliente.

A: Mira tus pies. ¿Qué estás usando?

C: Botas marrones, como las de un granjero.

A: Ahora toca tu cuerpo. ¿Es de hombre o de mujer?

C: De hombre.

A: ¿Joven o mayor?

C: Joven.

A: ¿Qué estás vistiendo?

C: Un abrigo marrón con una capucha. Siento que estoy usando algo como un escudo, como una armadura ligera.

A: Mira a tu alrededor. ¿Qué lugar es ese?

C: Es una aldea con cabañas de madera.

A: Y, si supieras, ¿qué es lo que estás haciendo ahí?

C: Es donde vivo, es una aldea pequeña. Hay gente caminando por ella. Estoy vigilando el área, asegurándome de que no haya intrusos. Estoy cuidando la aldea.

A: Muy bien, continúa un poco más. ¿Qué está sucediendo ahora?

C: Alguien llega a la entrada de la aldea y yo estoy sosteniendo una lanza. Hay otros guardias conmigo. Estamos al frente de la aldea mientras este hombre se acerca. Lo detenemos y le preguntamos qué es lo que hace aquí. Dice que solo está de paso.

A: ¿Qué sucede?

C: Trae alimentos. Es un comerciante y los trae en su carreta. Se detiene en el centro de la aldea y la gente va a comprarle lo que sea que tiene.

A: Eso es, continúa un poco más.

C: Algunos se están enfermando por la comida. Es como una enfermedad.

A: ¿Qué tipo de comida es esta?

C: Parecen ser peras. Algunas personas comienzan a morir y pensamos que estaban envenenadas.

A: Continúa.

C: No podemos encontrar al hombre.

A: Continúa.

C: Lo hemos encontrado detrás de una casa. Tiene un pedazo de madera larga y está siendo golpeando por algunas personas por alguna razón. Le grito diciéndole lo que está pasando y le pregunto por qué la gente se ha enfermado con la comida. Él dice que es en venganza por lo que le hicimos a su gente.

A: Y, si supieras, ¿qué le hicieron a su gente?

C: Estuvimos en guerra con su gente.

A: ¿Qué ocurre luego?

C: Exploto en ira y le atravieso la garganta con la lanza, matándolo.

A: Y, ¿qué haces luego?

C: Siento que todo es culpa mía.

Este sería el preciso momento en el que el espíritu de Chris, encarnado en el cuerpo del guardia en esa vida, se convierte en una víctima. Se siente culpable por la muerte de su gente porque él era el guardián que debía protegerlos.

C: Ahora estoy tomando su caballo y voy hacia su aldea, galopando por unos 20 minutos. Estoy molesto y triste porque mi gente ha muerto. Debí haber sido el que inspeccionara la carreta para proteger a los aldeanos —describió manifestando nuevamente su sentimiento de culpa.

A: Y, ¿qué sucede ahora?

C: Estoy en la entrada de su aldea gritando. Clavo mi lanza en la entrada de la aldea, declarándoles la guerra.

A: Entonces ahora están nuevamente en guerra...

C: Sí, les voy a hacer pagar. Estoy empezando un fuego en su aldea. La entrada y las casas se comienzan a quemar y veo que gente inocente está siendo herida.

A: Y, ¿qué sucede entonces?

C: No me hace sentir mejor. Me voy cabalgando, pero no regreso a mi aldea. Me voy.

A: ¿Por qué no estás regresando a tu aldea?

C: Porque siento que los he traicionado y, ahora que he quemado una aldea por completo y herido a gente inocente por venganza, pienso que nunca más debo ser visto.

Chris había pasado de ser la víctima de aquel que envenenó a la gente de su aldea a ser un victimario cuando no solo mató a ese hombre en venganza, sino que quemó toda su aldea. Con la frase "pienso que nunca más debo ser visto", Chris regresaba una vez más al papel de víctima, el cual lo seguiría hasta su vida presente generando los síntomas que ya conocemos.

A: Entonces, movámonos al último momento de esa vida.

C: Estoy en el desierto muriendo por deshidratación. No puedo continuar.

A: Hasta aquí, ¿cuál ha sido el momento más difícil en esa vida?

C: El traicionar mi humanidad.

A: Y, cuando estás traicionando tu humanidad, ¿cuáles son tus reacciones físicas?

C: Me siento abandonado y aislado.

A: Y, ¿cuáles son tus reacciones físicas?

C: El no sentir nada.

A: ¿Y tus reacciones mentales?

C: Mi vida es una tortura.

A: Ahora quiero que veas cómo todo esto está afectando tu vida como Chris. ¿Todo esto de estar abandonado y aislado, de no sentir nada y de sentir que tu vida es una tortura qué te hace hacer en tu vida como Chris?

C: Evitar a todos, el no dejarme ver.

A: ¿Esto qué te impide hacer?

C: Continuar con mi vida.

Tras la sesión, Chris pudo entender cómo todo esto que él pensó y dijo en la vida del guardia, estaba perjudicándolo en su vida actual. Con el ejemplo de Chris podemos ver claramente como pasó por los tres roles y como estos le afectaron de diferente manera.

Primero pasó por el papel de observador al ver morir a los miembros de su aldea sin poder hacer nada al respecto. Luego, cuando se dio cuenta que la persona que él había dejado entrar a la aldea había traído comida envenenada para vengarse, el guardia cambió de observador a sentirse víctima de la situación. Después, cuando mató al hombre y fue en busca de venganza, quemando a su vez la aldea, pasó de ser víctima a victimario. Cuando el guardia se dio cuenta de lo que había hecho y del sufrimiento que le había causado a gente inocente, comenzó a pensar una serie de decretos que llevaría nuevamente a su espíritu a desempeñar el rol de víctima, para traerlo luego a la vida de Chris, sintiendo y comportándose tal cual lo había pronunciado en esos mandatos.

La mujer traicionada por el consejo

Bernice agendó una sesión para trabajar ciertos síntomas que había venido experimentando: sentirse una víctima, pérdida de la memoria y falta de alegría en la vida. Su sesión inició con un trance muy leve, pero poco a poco y a medida que me contaba sobre sus recuerdos tristes, Bernice fue conectándose más, permitiéndole experimentar todo más profundamente.

Inicialmente visitó un recuerdo en el que, debido a un evento familiar, ella se había sentido traicionada. Es así que decidí explorar más esta emoción, pues percibía que estaba relacionada con los síntomas que había traído a la sesión.

Antonio: Bernice, quiero que vayas al primer momento en el que te sentiste traicionada. Permítele a tu cuerpo y a tu alma sentir todo lo que tengan que sentir. Cinco, cuatro, tres, dos, uno. Ya estás ahí. Dime lo que venga a tu mente, aunque pienses que lo estás imaginando. Mira tus pies. ¿Qué estás usando?

Bernice: No sé si estoy descalza o si llevo una especie de sandalias planas.

A: ¿El cuerpo se siente de hombre o de mujer?

B: Soy una mujer. Estoy subiendo las escaleras fuera de algo que parece una pirámide. He sido llamada a un consejo.

A: Entonces, ¿estás subiendo las escaleras?

B: Sí, estoy subiendo las escaleras.

A: Y, ¿cómo te sientes mientras subes?

B: Me siento confiada, pero con un poco de nervios.

A: Y, mientras estás en ese consejo, ¿qué sucede?

B: Me están haciendo preguntas. Creo que ellos me han traicionado.

A: ¿Por qué te han traicionado? ¿Por qué crees que lo están haciendo?

B: Porque ellos ganan algo con esto.

A: Permítele a tu cuerpo sentirse traicionado. ¿Qué están diciendo?

B: Me están acusando de haber hecho algo, pero no es verdad.

A: ¿Cómo te hace sentir?

B: Triste, siento algo en mi estómago nuevamente. Creo que me está dando náuseas —dijo mostrando malestar en su rostro—. Se me hace difícil respirar.

A: Siente eso un poco más. ¿Por qué piensas que te es difícil respirar?

B: Tengo presión en mis pulmones —respondió comenzando a respirar más profundamente.

A: ¿Qué más está pasando? Adelántate un poco más.

B: Creo que me quieren matar.

A: Y, ¿por qué tienes dificultad para respirar? Permítele a tu cuerpo sentir todo.

B: Creo que me dieron algo de beber. Siento mi estómago tenso. Yo confié en ellos, realmente confié en ellos. Deseaba mucho algo.

A: Hasta aquí, ¿cuál ha sido el momento más difícil de esta experiencia?

B: El sentirme traicionada. Confié en ellos tanto, confié en ellos tanto.**A**: Voy a contar del tres al uno e irás al momento en que estás tomando eso que te dieron, el momento en el que has sido traicionada. Tres, dos, uno. Ya estás ahí. Permítele a tu cuerpo sentir todo. ¿Qué está pasando ahora?

B: Me han dado de tomar algo. Me han dicho que si tomo esto, algo va a pasar, que voy a tener poderes o algo así.

A: Y, mientras estás tomando eso, ¿cuáles son tus reacciones físicas?

B: Mi abdomen, mi estómago, mis intestinos, todo está ardiendo. Tengo muchas náuseas y no puedo respirar bien. ¿Qué me han dado? —dijo estirando el cuello, mostrando que no podía tomar suficiente aire.

A: Eso es, siente eso más aún.

No terminé de decirle eso cuando, de pronto, su cuerpo se arqueó sobre la cama, llevándose la mano al pecho y al cuello, mientras abría la boca para poder respirar. Bernice había regresado al momento en el que había sido envenenada y su cuerpo estaba experimentándolo nuevamente. Podía ver cómo, de un momento a otro, ya no tenía control sobre la experiencia y su cuerpo reaccionaba por sí solo.

B: ¡Oh, Dios! —exclamó con expresión de dolor y espanto.

A: Eso es. ¿Cuáles son tus reacciones emocionales?

B: ¿Por qué me hicieron esto? —respondió luego de unos segundos de silencio, mientras aún intentaba respirar.

A: Y, ¿cuáles son tus reacciones mentales?

B: ¿Por qué me están matando? Es tan triste. Me duele la cabeza.

A: Y, mientras ese cuerpo está muriendo, ¿cuál es el último pensamiento que logras pensar en ese cerebro?

B: ¿Qué hice mal? ¿Qué he hecho para merecer esto?

A: Muy bien, ahora voy a contar del cinco al uno y quiero que regreses al momento en el que estás tomando eso. Permítele a tu cuerpo que sienta todo nuevamente. Cinco, cuatro, tres, dos, uno. Ya estás ahí —le indiqué, cuando de pronto Bernice comenzó a retorcerse de dolor nuevamente.

A: Mientras estás tomando eso, ¿qué está sintiendo tu estómago?

B: Me duele.

A: Y, ¿qué siente la garganta?

B: Está cerrada, no puedo respirar, tampoco no puedo hablar —contestó llorando.

A: ¿Qué sienten los pulmones?

B: No puedo tomar aire.

A: ¿Qué siente el corazón?

B: Esta rojo y muy grande.

A: ¿Qué es lo que siente el cerebro?

B: El cerebro me duele tanto.

A: Y, ¿cómo te está afectando todo esto en tu vida como Bernice?

B: No me puedo expresar, no puedo digerir alimentos.

A: Y, cuando no te puedes expresar ni digerir alimentos, ¿eso qué te hace hacer?

B: No expreso si algo está bien o mal. No expreso mis sentimientos. Tengo mucha dificultad para recordar eventos Mi cerebro está bloqueando muchos recuerdos y sentimientos. Si no tengo recuerdos ni sentimientos, no puedo expresarme. El veneno ha dañado mi sistema nervioso.

A: Cuando estés lista sal de ese cuerpo, entendiendo que, con la muerte de ese cuerpo, esa experiencia acabó para siempre y no te va a afectar más. Eso es, muy bien. Ahora quiero que le hables a esos que te mataron. ¿Qué les quieres decir?

Cuando dije esto, Bernice comenzó a toser, mostrando claramente que aún le estaba afectando el veneno.

A: Quiero que te pongas de lado y que vomites el veneno que te dieron. Va a ser un vómito energético. —le indiqué para que así pueda botar la carga energética que ese veneno dejó en su alma.

Bernice comenzó a toser más profundamente, haciendo sonidos como si estuviese vomitando el veneno en realidad.

A: Saca ese veneno de tu sistema. ¡Eso es!

B: Mi garganta está libre —expresó con gran alivio.

A: Ahora que estás fuera del cuerpo, háblale a esta gente y diles todo lo que les has querido decir en todo este tiempo.

B: ¿Por qué me traicionaron? ¿Qué hice mal?

A: Pídeles que te devuelvan tu energía, aquella que te quitaron cuando te mataron.

B: ¡Devuélvanme mi energía! La quiero ahora. Es mía. No tenían derecho de matarme. Quiero que me devuelvan todo mi poder.

A: Cuando estés lista, extiende tus brazos y trae toda tu energía de vuelta.

La navegación por esa vida finalizó después de la evaluación de las lecciones que debía aprender. Bernice había encontrado la experiencia que había originado en ella el sentimiento de víctima y de sentirse traicionada. También habíamos hallado la raíz de sus problemas digestivos, los cuales habían sido generados por la ingesta del veneno.

Otra de las consecuencias del envenenamiento fueron los problemas que tenía con la pérdida de memoria y con no poder expresarse. El veneno aún estaba influenciando negativamente en su alma a nivel energético. Al revivir la muerte de ese cuerpo, pudo tomar conciencia de todo lo que pasó en ese momento a nivel físico, emocional y mental, culminando con el atrapamiento de su alma.

CONCLUSIÓN

El ser humano es un ser maravilloso y complejo. Cada uno de nosotros somos como un universo que vive dentro de otro universo que, a su vez, forma parte de otros universos. Si solo enfocamos nuestra atención en el cuerpo humano estaremos frente a lo que el espiritista André Luiz describió como "la máquina divina", que consta de órganos tan variados como extraordinarios y de elementos microscópicos que habitan dentro nuestro, en fin, todo un universo dentro de un cuerpo creado a la perfección.

Si nos centramos en el alma —o el espíritu encarnado—, nos daremos cuenta que esta es energía con conciencia que se integra al cuerpo físico, a ese universo contenido en sí mismo, para experimentar y evolucionar en este planeta. El alma es un ser multidimensional, es decir, que no solo puede existir dentro del cuerpo sino también fuera de él, en otras dimensiones más elevadas a las que llega conforme va aprendiendo. Es más, el alma encarnada no permanece todo el tiempo dentro del cuerpo. Por ejemplo, cuando este duerme, ella visita otras dimensiones para seguir interactuando y experimentando con otras almas. Algunas personas lo hacen sin ser conscientes, pero otras lo hacen a voluntad, en lo que se conoce como viaje astral.

Tanto el cuerpo humano como el alma tienen su propia historia. Podemos hallar la del cuerpo físico a través de los genes que son transmitidos de generación en generación. Estos son los que le darán al cuerpo características únicas que funcionarán tanto a favor como en contra del espíritu que lo habite cuando sea creado. La historia del alma podemos encontrarla en sus reencarnaciones, en la experiencia acumulada en otros cuerpos que ocupó en vidas pasadas.

Entonces, la unión del cuerpo y el alma al momento de la reencarnación concebirán un ser único y perfecto para el aprendizaje. Ese espíritu que eligió cuidadosamente su cuerpo antes de reencarnar se aseguró de crear el ambiente propicio para experimentar, interactuar y aprender aquello que planeó en el mundo espiritual. Pero, ¿dónde radica el reto entonces? Lo que sucederá es que, el alma atrapada en esos eventos traumáticos que no pudo procesar completamente a nivel físico, emocional y mental, es decir, donde no pudo hacer todo lo que se debía hacer antes de la muerte del cuerpo, hará que estos eventos inconclusos se manifiesten en el nuevo cuerpo en forma de síntomas físicos, emocionales y mentales.

Basándonos en esta idea, ¿deberían tratarse los síntomas enfocándose solamente en el cuerpo físico? O, del mismo modo, ¿deberían tratarse los desórdenes mentales únicamente desde el punto de vista de la mente? Opino que no, pues, para ayudar a una persona que está experimentando molestias inexplicables, ya sean físicas, emocionales o mentales, debemos ver al ser humano y al espíritu como un todo, desmenuzando la historia de ambos en conjunto.

El alma posee toda la información que necesitamos. Es por eso que las técnicas de hipnosis que empleo están orientadas al alma, ya que en ella encuentro un gran almacén de vivencias en distintos cuerpos. Entonces, una vez que entendamos lo que experimentó el alma, ya sea en un cuerpo anterior o al momento de desprenderse de él, durante su paso por el vientre de la madre, el nacimiento, la primera infancia o aún más adelante en su vida, podremos descifrar el origen y la explicación al síntoma, para así ayudar al individuo de la mejor manera posible. Así, podrá continuar con su evolución espiritual.

El síntoma es solo la punta del iceberg, lo único consciente para el ser humano, pero este está asociado a una experiencia excluida de la mente consciente. Podríamos decir que, si los síntomas son icebergs, los sucesos que los desencadenan se encuentran en el fondo del mar. Es en ellos que debemos poner nuestra atención para ayudar al alma a sanar.

Mientras el alma recorre el camino hacia su evolución, reencarna una y otra vez sin cesar aprendiendo lecciones y experimentando todo tipo de eventos que la dirigirán a su objetivo evolutivo. Es en este regresar constante a la Tierra en el que, por no procesar estos acontecimientos y lecciones completamente, parte de nuestra alma y de nuestra energía quedan atrapadas, haciendo que cada cuerpo futuro que ocupemos sufra los síntomas causados por ese atrapamiento.

Por ello considero vital que todo terapeuta base sus técnicas y sus sesiones en la espiritualidad, ayudando a estas almas encarnadas a terminar con su atrapamiento y a hacer todo lo que no pudieron hacer para así liberarlas de todo peso. Asimismo, creo que todo terapeuta que desee embarcarse en esta misión de ayuda al prójimo, debe desarrollar cualidades como la paciencia, la compasión, el amor al otro y no juzgar. El sendero que les espera será sinuoso y estará plagado de retos, pues ellos mismos, al guiar a sus propios clientes, tendrán que sanar sus propias heridas, sus propios síntomas.

No sintamos nunca lástima o pena por el paciente que llegue a nuestra puerta, tampoco nos enfoquemos en el cuerpo físico que tengamos al frente, sino en el alma que lo habita y que llegó a nosotros en busca de sanación y orientación. El amor y la compasión serán siempre las mejores herramientas que podremos utilizar.

LOS SÍNTOMAS
DEL ALMA

EL CAMINO AL ORIGEN DE NUESTROS SÍNTOMAS
A TRAVÉS DE LA HIPNOSIS REGRESIVA

www.ingramcontent.com/pod-product-compliance
Lightning Source LLC
Chambersburg PA
CBHW071113160426
43196CB00013B/2560